学校を楽しくすれば日本が変わる

「常識」をひっくり返した
「絶校長」の教育改革

古賀 賢
柳川高等学校
理事長・校長

祥伝社

「絶校長《ぜっこうちょう》」が全校朝礼で未来を語る。
ニューヨークのタイムズスクエアから
子どもたちへ新学期のメッセージを伝える。

「さあ、アクションを起こそう！」

生徒の目が、より輝き始める。
刺激を受け、先生も殻を破り始める。
ワクワクとともに、学校が変わっていく。

だけど、世間の大人は
「世の中ってそんなに簡単じゃないぜ」と言う。
僕はこの本で、

大人のモノサシも変えてしまいたい。

学校とは、
そこに集う誰もがワクワクする場所。
人は変われる。
今日、今、この瞬間からでも。
そう心から信じて、学校を運営している。

子どもたちを
突き抜けていく存在に。
大人たちを
ますます
突き抜けていく存在に。

ゲーム・チェンジャーを育てよう!

はじめに

チャレンジすることが当たり前の学校をつくりたい

☑ 今日から俺は『ワンピース』のルフィになる!?

この本を手に取ってくださって、ありがとうございます!

柳川《やながわ》高等学校の「絶校長」こと、古賀賢《こがけん》です。

柳川高校は、1941年に福岡県柳河《やながわ》商業学校として創立された福岡県柳川市にある私立の学校です。東京や大阪から見たら、よくある私立高校の1つにすぎないと思います。

でも、今、僕らの学校は福岡県で知らない人は誰もいないくらいの注目を集めています。

少子化が進行する中、地方の一私立高校である柳川高校では新入生、全校生徒数ともに増え続けています。地域から多くの人の期待が集まっている大きな理由は、**柳川から世界視野で物事を見られる子どもを育てるプロジェクトを本気で進めている**からです。

そして、僕はそのプロジェクトの旗振り役として絶校長を名乗り、子どもたち、保護者、教職員、地域の人たちを巻き込み、学校改革を進めています。
ある日の全校朝礼で、僕は全校生徒たちの前でこう宣言しました。

「今日から俺は『ワンピース』のルフィになると決めた！」
「そして、この学校を、この仲間たちといっしょに世界一の学校にしていく！」

ルフィとは、マンガ『ワンピース』の主人公。行く先々で仲間を集めながら大海原を行く、自由を愛するヒーローです。そして、僕は子どもたちに学校で作成した世界地図（通称「海賊の地図」）を見せ、柳川高校が世界展開していく「グローバル学園構想」への夢を語りました。

２０１６年、私学による日本初の海外附属中学校として、タイ南部ナコンシータマラートに「柳川高等学校附属タイ中学校」を開校。２０１９年度より、その卒業生がタイから柳川高校に入学し、共に学んでいます。

現在、アジア10カ所とイタリア、イギリスなどの合計13の国と地域に海外事務所を構え、将来的には全学年、全学科に留学生を受け入れ、生徒の3分の1が留学生で構成されるグローバルキャンパスを目指していく。

世界から柳川へ、そして柳川から世界へ。次世代を見据えた教育を追求するんだ！

でっかい構想を、その実現のために各国を飛び回っては小さなトラブルに巻き込まれてきた自分の失敗談を交えて語っていきました。

子どもたちは1人も退屈そうな顔をせず、聞いてくれました。

僕にとって、毎月1回、体育館に全校生徒が集まる全校朝礼は勝負の場です。

子どもたちに話しながら、同時に教職員の方々にもメッセージを伝えています。

「社会に影響を与えるような大きなことを成す人は、世の中全体の約2割の人だという話があります。誰もが、その〝2割〟に入れる可能性があります。

それにはまず、自分の能力を最大限に伸ばせる環境に身を置き、自分の視野を、世界を広げること。

そして、お互いを高め合える仲間と共に過ごすことです。尊敬できる仲間が見ている世界、考え方を見て学び、『自分も』と本気で夢や目標に向き合う。

僕はそうして成長していく生徒たちを、たくさん見てきました。

君も自らアクションを起こせば、絶対にできる！

夢に向かって本気になれる人、待っています!!」


聞いてくれている人の心に刺されば、相手の意識が変わります。

意識が変わると、行動が変わります。

子どもたちに夢を語り、チャレンジすることが当たり前の校風をつくりたい。

僕にとって全校朝礼は、学校改革に向けたメッセージを発信する大切な勝負の場所なのです。

日本中の学校が抱える5つの問題と向き合う

日本は今、世界中のどの国も経験していない少子超高齢社会に突入しています。出生率は低下し、急速に人口の減少が進みます。僕を含め、昭和生まれの大人にとって人口が増え、経済が成長するのは当たり前のことでした。

学校運営においても、公立私立ともに学校は新設され、生徒数は増えるもの。長らくそう考えられてきたのです。

しかし、地方の私立高校の校長兼理事長である僕には、もう20年以上前からまったく異なる現実が見えていました。

出生率低下はそのまま生徒数の減少に直結し、社会の変化に対応する教育を行なえない学校は生き残っていくことができない。首都圏で暮らす方々にはピンとこないかもしれませんが、地方都市ほどこの傾向は顕著です。

柳川高校の学校改革は、まさに学校存続への危機意識から始まったと言えます。

僕は次の5つの課題を常に意識して、現場に立ってきました。

1 生徒数減少時代の学校教育の在り方とは？

■子どもたちのクリエイティブな素養を育てるための教育を行なうことが大事

■現場では解決できないことは、「リーダーの信念」と「ハードランディングできる突

破力」で変えていく

■リーダーは変化の必要性を感じつつ、タイミングを見計らい、行動を起こす

■常に、生徒が求めている学び、時代に即した教育を追求し、一歩、半歩先を目指した改革を行なっていく

2 子どもたちが自ら考えて行動していく教育へ

■グローバル化がより一層加速する中、現状の偏差値教育、18歳の頂点学力を高める大学受験のための教育では、世界と戦うことができない

■これからの社会で必要になるのは、子どもたちが自ら考えて行動していく教育

■日本に必要な教育は、クリエイティブ＋行動力を育てること

■ゼロからイチを創り出す自由な発想や行動力を育てるため、まずは校長である自分が率先してその姿を見せ続けていく

3「デジタルネイティブの時代の教育へ

■今後は確実にＡＩが社会を、教育を変えていく。そのとき、人間に欠かせないのはＡ

Ⅰに考えを伝える力

■従来の日本の教育は過剰なサービスを行なうから、クリエイティブ＋行動力のある人が育たない

■与えられた課題を処理する教育から、「自分を表現する力」を育むカリキュラムへ

■社会の第一線で活躍する大人たちと直接つながる機会を増やし、「語彙力、企画力、言葉の力」＝「伝える力」を養っていく

4 不登校の生徒への対応

■不登校の子どもたちを学校現場がネガティブに捉えるのをやめる

■不登校は、子どもたちが学びに対して「求める物」が変わってきている現象の１つ

■型にはめない、型にはまらない大人がいることで、登校しやすくなる

■学校に来た後、自由に過ごせる居場所を用意する

■通信制の教育など、環境をつくることで子どもたちの多様な学びに対応できる

5 教職員の働き方改革

■学校改革を進めるには、教職員の負担を減らし、その力を十分に発揮してもらうことが不可欠
■全校朝礼など、常にリーダーがビジョンを語る場を設ける
■ミドルマネージャーと共に組織を変えていく

この5つは、日本中の学校が多かれ少なかれ抱えている課題です。本書には、これらの課題解決のヒントとなる事例がいくつも盛り込まれています。今まさに教育現場で努力されている教職員の皆さん、学校改革の方法に知恵を絞っている教育関係者の方々、また子どもの進路について向き合っている保護者の方々に役立てていただければ、幸いです。

☑ 人は変われる！ その1ミリずつの奮闘記

でも、本音を言えば、僕はもっと多くの人たちに**「人は変われる」**というポジティブなメッセージを伝えたいと思っています。

だから、この本には僕たちが今まさに柳川高校で取り組んでいる学校改革のことを軸に、

「自分を変えたい！」と奮闘してきた日々のことを詰め込みました。

人は一瞬で劇的に変わることはできません。

でも、たった1ミリの変化が、3年後、5年後の大きな成果につながります。これから本書を読み進めながら、「この取り組みはおもしろそうだから、やってみようかな」と思う瞬間があったら、「かな」を取って「やってみて」ください。

そんな変化が1つでも起きたら、読んでくれたあなたも、書いた僕も、大成功です！

この本が、あなたの人生を変えるきっかけになることを願っています。

２０２４年７月20日　柳川高校〝絶校長〟　古賀　賢

ニューヨークのタイムズスクエアから生中継で、2学期始業式を行なった古賀校長先生。「いろんな価値観を尊重し合い、でっかい夢を持って大きく羽ばたいていこう」と熱く呼び掛けた。

目次

第2章

絶校長、誕生！

校長、学校のイメージを変える

第3章 失敗こそ宝

古賀賢の熱血はこうして生まれた

第4章 生徒が変わる、教育とは？

思考停止を捨てよう。人は、なりたい自分になれるんだ

第5章 学校のモノサシを変えていく

チームづくりとリーダーシップと新たな市場

第1章

潰れそうだった
柳川高校、
今なぜ生徒数が
伸びているのか？

「世界一」「日本初」に
こだわり、
「人は変われる」と
信じる学校

☑ 生徒数減少時代でも、入学数が伸び続けている理由

「柳川高校は『頭のいい子』を育てようなんて、さらさら思っていません。これから先、今まで保護者や教師が安心してきた『優等生』が通じなくなる時代がくるからです。だから、僕は柳川高校に通う子どもたちを『**頭が広い子**』に育てようと思っています」

2023年度の学校説明会の冒頭、私はそんなメッセージを投げかけました。

体育館に集まってくれた2024年度の受験を考えている中学生と保護者の方々の顔に、クエスチョンマークが浮かびます。

頭が広い子ってなんだ？

そこで、こう続けました。

「柳川高校には、世界中からたくさんの留学生が学びにきています。また、マイクロソフトやＪＡＬ（日本航空）、ＪＡＸＡ（宇宙航空研究開発機構）、ＮＡＳＡ（アメリカ航空宇宙局）、大正《たいしょう》製薬など、社会の第一線で仕事をする大人たちも授業をしにやってきてくれます。

絶校長は学校にいないと思ったら、ニューヨークから生中継で新学期の挨拶を始めたり、元プロテニス・プレイヤーでスポーツ解説者の松岡修造《まつおかしゅうぞう》さんとテレビ局の取材チームを学校に連れてきたり、全校朝礼で突然、将来に向けたでっかい構想を発表したりします。

子どもたちは学校に通う間にいろいろな話を聞き、多種多様な価値観に触れ、ワクワクし、１人ひとりが自分なりに受け止めて吸収します。そして、そこから自分なりのチャレンジを始めていく。

失敗してもいい。その経験を糧《かて》にして、また違うやり方を試していく。問いを立て、解決策を考え、行動できる。そういうエネルギーを持った子。

それが僕の育てたい『頭の広い子』です」

少子化が進み、私立高校の中には受験倍率が定員を割る学校が全国各地で増えてきています。

日本私立学校振興・共済事業団の「私立高等学校入学志願動向」（２０２３年度）でも、全国平均の入学定員充足率は85・２８％で、前年度比０・９ポイント減。入学者が定員に満たなかった入学定員充足率が１００％未満の学校数は全国１２９３校中８９５校で、全体の69・２％となっています。

そんな中、柳川高校は新入生、全校生徒数ともに増え続けています。

最も生徒数が少なくなった２０１０年の７１９人から２０２４年現在は１２１０人に。

その背景にあるのは、疑問と不安です。

「子どもたちの進路を考えるとき、『いい大学、いい就職』をゴールにした従来の教育を信じていいのかな？　自分たちの若い頃と同じ感覚での学校選びでいいのかな？」

保護者の皆さんの多くが、肌感覚として何か違うかもと感じています。もちろん、これから高校生になる、進学の当事者である中学生たちも同じです。

テストでいい点数を取るための勉強、18歳時点での偏差値を上げることを目指した授業、大学進学に強い学校選びで、本当にいいの？

2022年から高校で新しい学習指導要領が全面的に施行され、2025年から大学入試の教科、科目の大幅再編も始まります。

保護者は「これから先、どんな学びの場に子どもたちを通わせるのがいいのか」と迷い、子どもたちは「もっと自分がワクワクできる学校はないのかな？」と探しています。

そこで、私たちは「グローバル学園構想」「スマート学園構想」「宇宙修学旅行」という3本の柱を打ち出し、柳川高校には**勉強のその先にある大切な感性を育てる教育**があることをアピールしてきました。

子どもたち1人ひとりの将来につながる何かを感じてもらう学校。

表現力や発想力、創造力を伸ばし、身につけさせていく学校。

朝起きて「ああ、今日も学校に行かなきゃいけない」と思うのではなく、「今日も学校に行きたい！」とワクワクする学校。

生徒数の増加は、子どもたちと保護者の方々の期待の表われだと考えています。そして、その思いに応えるためにも原点を大切にしながら、柳川高校は未来に向けて挑戦し続けていきます。

絶校長からのアドバイス 1 自分のモノサシを変えたい人へ

失敗してもいい。その経験を糧にして、また違うやり方を試していく。
問いを立て、解決策を考え、行動できる。
あなたは今、そういうエネルギーを持った大人でいられているでしょうか？

創立83年、教育理念はずっと変わらず「啐啄同時」

そもそも柳川高校は、１９４１年に福岡県柳河商業学校として創立された学校です。校舎は福岡県柳川市本城町、柳川城の跡地にあり、柳河商業の隣には藩校由来の学校もあり、エリートが育成されていました。

しかし、初代の古賀肇《はじめ》理事長は「世の中には迷いさまよっている子どもたちがたくさんいる。その子どもたちがしっかり生き、商売ができる人になるように」と商業を学べる学校をつくったのです。

グラウンドの野球スコアボードには、創立以来の教育理念である**「啐《そっ》啄《たく》同《どう》時《じ》」**の4文字が刻まれています。

啐啄同時とは、こんな意味合いの言葉です。

〝卵の中のひながかえろうとする時、ひなが内側からつつくのを「啐《そつ》」、親鳥が外からつつくことを「啄《たく》」といい、この「啐」と「啄」が一致してひなが生まれるという得がたい好機を「啐啄同時」といいます〟

僕の祖父、古賀肇は常々、こう言い続けていました。

「ひな鳥が世の中に誕生する時に鳴き声を発しながら一生懸命、外へ出て行こうと殻の中からつついて割っていこうとする。その絶妙なタイミングで親鳥が外から卵の殻をいっしょに破る。ひな鳥と親が呼吸を合わせて、誕生の瞬間を迎える。

これはまさしく教育そのものだ。人が夢を叶える力を学ぶ時は、早すぎても、遅すぎてもいけない。**ここだ、という時に生徒と先生が出会い、学び教え合う。**我が校の教育方針は啐啄同時。こうあるべきだ」

柳川高校では、この「啐啄同時」の言葉を、**生徒（ひな）の意欲に教師（親鳥）が耳を傾け、すばやく応じる**と解釈し、生徒の夢実現のための理念としています。

1951年に柳川商業高等学校に改称され、1980年に現在の柳川高等学校となりました。一般的には、スポーツ教育に力を入れている高校として知られていると思います。

野球部は甲子園で春夏通算16回の出場、ダンス部は創部7年目で初の全国大会優勝、テニス部は全国制覇139回。卒業生には、松岡修造氏や元プロテニスプレイヤーの福井《ふくい》烈《つよし》氏（東京2020オリンピック日本選手団団長）、阪神タイガース元監督の真弓明信《まゆみあきのぶ》氏など複数のプロ野球選手がいます。

全国最年少での理事長就任は、経営危機に対処するため

団塊の世代が高校に進学した1960年代、柳川商業の受験者数も5000人を超えま

した。当時、学校法人の理事会では「進学校への転換をはかっては?」という意見も出たそうです。

その意見に対して初代理事長である祖父は、こう一喝したといいます。

「柳川商業は迷いさまよっている子どもたちがちゃんと生きていけるように、立ち上がった学校だ!」

「柳川商業を受験してくれる子どもたちは全員受け入れて育てる気概を持って学校運営をしていこう!」

このエピソードを2代目理事長である父、古賀通生《みちたか》から聞いたとき、私の中で「この精神をしっかりと引き継ぎ、どんなときも生徒たちを育てられる『仲間』をつくっていこう」という思いが定まりました。

しかし、学校の経営はずっと順風満帆《じゅんぷうまんぱん》だったわけではありません。

父の代になった1980年代以降、スポーツに力を入れ、テニスコートやグラウンドなどの設備投資を行ない、県内外から好待遇で優秀な先生方も迎え入れました。

日本全体がバブル景気に向かう中、借金してでも環境を充実させるのがいいことだという空気があったのです。甲子園出場などの成果が出る一方、子どもたちの進路の選択肢も広がる中で受験者数はじわじわと減少。バブル崩壊後の金融機関による貸し剝《は》がしもあり、当校の経営状態は悪化していきます。

正直に告白すると、私は27歳で英国から日本に帰り、新設されたばかりの国際科の科長として柳川高校に戻ったとき、学校の置かれた実情をよくわかっていませんでした。

それから5年がたった2002年、地域の人たちが「柳川高校は潰れるぞ」と噂するような状況の中で、私ははっきりと「このままではいけない」という危機感を抱き、父の後を継いで3代目の理事長に就任します。

「33歳、日本で一番若い私学の理事長」とニュースになりましたが、晴れやかな気持ちはまったくありませんでした。

理事長交代を望んだのは銀行で、彼らの思惑は他校との合併と学校移転後の用地売却による借入金の回収にあったからです。そのために父よりも説得しやすそうな若い後継者を交渉相手にしたかったのでしょう。

私が理事長に就任した直後は、働く先生方の間にも不安が広がり、子どもを預けてくださっている保護者の方々からの信頼も揺らいでいました。

絶校長からのアドバイス 2 自分のモノサシを変えたい人へ

ひな鳥が内側から卵の殻をつつき、絶妙なタイミングで親鳥が外から殻をつついていっしょに破る。ひな鳥と親が呼吸を合わせて、誕生の瞬間を迎える。ここだ、という時に生徒と先生が出会い、学び教え合う、啐啄同時。

大人にとっても、1冊の本、1本のドキュメンタリー、一期一会の出会いが、啐啄同時を実感させてくれることがあります。

生まれたばかりの子どもの寝顔を見ながら、不安になった夜

学校の歴史と教育の話を語るはずが、生々しいお金の話になってしまい申し訳ありません。でも、これは今の柳川高校を伝えるうえで、避けて通れない寄り道です。

私の理事長としての最初の仕事は、銀行との交渉でした。

それも支店長と応接室でにこやかに雑談しながら話し合うような場ではありません。数人の面接官がむっつりとした顔で座っている就活の圧迫面接や、テレビで見る刑事ドラマの取調室のようなぴりついた雰囲気の中、銀行の担当者がこちらに圧をかけてきます。

「柳川高校はこの借入金をどうやって返済していくのか。返済プランをいついつまでに考えてきてください」

「古賀理事長、あなたはこれから地域における学校の信頼回復については、どういう方法があると思っていますか」

「この先の雇用について不安を抱いていらっしゃる先生方のことは、今後どう処遇されていくつもりですか」

貸し剝がしという言葉が新聞紙面を騒がせていた当時、銀行は全国各地で多くの中小企業の経営者を相手にこうした交渉をくり返していたと聞きます。

取調室で容疑者から「私がやりました」という自白を引き出すように、経営者をギブアップさせるような厳しい質問を浴びせていく。借入金がある以上、学校法人だからといって優遇されるわけではありませんでした。

「私たちは、あなたの経営者としての資質を見ている」と言われながら、何度も続く交渉。当時は1週間のうち4日間、銀行に行っていました。

苦しかったです。

それでも大金が空から降ってくることはありません。大口のスポンサーが見つかって、学校に多額の寄付が集まるようなこともありません。

返済計画を出しては再考を求められ、疲れ切ってしまい、理事長を、学校経営をやめたくなったこともありました。生まれたばかりの子どもの寝顔を見ながら、「この子をしっかりと育てられるのかな」と不安になった夜もありました。

でもそこで「絶対にここで負けられない」と踏み止《とど》まることができたのは、父のひと言があったからです。

柳川高校のテニス部を日本一に育て上げた父は、私にとっていつも畏怖する存在でした。理事長を引き継ぐ前も後も、気軽に相談ができない距離感があったのです。でも、資金繰りに苦しむ中、そんな父に私は「もう無理かもしれない」と心の内をもらしてしまったことがありました。

すると、父は「もしものときは、いいぞ」「おまえは自分で自分の人生を切り開いていっていいんだぞ」と言ってくれた。私は、苦しみを受け止めようとしてくれる父の気持ちに触れて、力が湧き、奮《ふる》い立ったのです。

そして、同時に思い出したのは前述した祖父の言葉でした。

「柳川商業は迷いさまよっている子どもたちがちゃんと生きていけるように、立ち上がった学校だ！」

「柳川商業を受験してくれる子どもたちは全員受け入れて育てる気概を持って、学校運営をしていこう！」

この地で、学校を続ける。

その一点について私は揺らがず、粘り強く交渉を続け、10年がかりで経営再建計画がまとまりました。経営危機こそ脱したものの、理事長になって最初の10年は銀行との交渉、地域と教職員からの信頼回復の時間でした。

その次の10年は今の柳川高校につながる学校改革の下準備に費やしたと言ってもいいで

しょう。すべての借金の返済が終わったのはほんの2年前のこと。2022年11月23日、私は記念として学校がよく見える場所にオリーブの木とガーベラの花を植えました。

☑ 人間には乗り越えられない困難は降りかかってこない

オリーブとガーベラの側《そば》には、こんな言葉を書いて飾っています。

「今を楽しみたければ絵を飾りなさい。1年後を楽しみたければ花を植えなさい。10年後を楽しみたければ木を植えなさい。未来を楽しみたければ人を育てなさい」

これは父から学んだ教えです。

原文は、中国の古典『管子《かんし》』に出てくる「一年の計は穀を樹《う》うるに如《し》くはなし。十年の計は木を樹うるに如くはなし。終身の計は人を樹うるに如くはなし」という一説からのようです。

木と花を植えた後の全校朝礼で、子どもたちにこう伝えました。

「君たちと出会ってからずっと笑っている元気な僕だけど、じつは笑顔がなくなった時代もあったんだ。だけど、人間には乗り越えられない困難は降りかかってこない。1つの山を越えた証《あかし》として、平和を象徴するオリーブの木と『常に挑戦』という花言葉のガーベラを植えてみた。

これからみんなも何かに躓《つまず》いたり、壁にぶつかってこれは乗り越えられないかも……と焦《あせ》ったりするかもしれない。悩んだときは、あのオリーブとガーベラを眺めてみて欲しい。絶校長にも笑顔がなくなった時代があったんだな。でも、今は毎朝うるさいくらいに元気だなって。卒業した後に見に来ても大丈夫。みんなの心がやすらげば、僕はすごくうれしいよ」


柳川高校が潰れるかも……という経営危機の頃のことは何も知らない子どもたちですが、時々、オリーブの木とガーベラを眺めている生徒の姿を見かけることがあります。

大人の弱さ、かっこ悪いところ、失敗した経験、つらい思いもしっかりと伝えること。そうすると、世代を超えて響いていく何かがあるのだと思います。

父はよく**「教育は形からではなく、心からいくものだ」**と言っていました。**自分の心を開くことで、相手の心も開く。**私は今も自分が優れた経営者だとは思っていません。でも、順風満帆な状態で理事長を継いでいたら、私は1円の大切さも、それ以上に貴重な、共に仕事をしてくれる仲間たちの大切さもわからない経営者になっていたかもしれません。

絶校長からのアドバイス

3 自分のモノサシを変えたい人へ

苦境に立たされたとき、特にお金にまつわる危機的な状況に陥ったとき、人はどうしても目の前のことでいっぱいいっぱいになってしまいます。
でもだからこそ、顔を上げ、遠くを見ましょう。1年後、3年後、5年後、10年後、この苦境の先にどんな未来があるのか。あえて視座を高く持つ時間をつくることで、向かい風に対して踏ん張り、前に進む力が湧いてきます。

☑ 潰れそうな高校があの世界的な企業とタッグを組んだ⁉

経営を立て直すための交渉を行なう一方で、長年取り組んできたのが地域と教職員からの信頼を取り戻すことでした。

「柳川高校は潰れる」という噂が流れた当時、受験生が少しずつ減っていたこともあり、学校のネガティブなイメージを一新する一手が必要でした。

その第一歩となったのが、マイクロソフトとの提携です。

きっかけはまだ父が理事長で、私が国際科の科長から副理事長になった2000年の頃のこと。学校の経営状態が悪化する中、父が「自分はスポーツでがんばってきたけれど、おまえはこれからの柳川高校の新しい顔になるものを考えろ」と言い出したのです。

これから始まる21世紀。コンピュータとインターネットの時代になるというのは、私も含めた多くの人が感じていたことです。

今ではICT（情報通信技術）教育と呼ばれていますが、当時はまだしっくりくる言葉がありませんでした。

コンピュータを学べる新しいコースをつくろう。それを学校の新しい顔にしよう。

そう思ったとき、ただただ私の頭の中に浮かんだのはマイクロソフトの創業者で、Windowsを世界標準のOSにしたビル・ゲイツさんの顔でした。

でも、何のコネクションもありません。

向こうは世界一の企業。

こちらは経営が悪化している柳川市の私立高校。

普通に考えれば釣り合いが取れません。それでも動いてみれば、何かが起きる可能性があります。

私は何度も、何度も日本マイクロソフトに電話をかけ、手紙を書き、なんとか阿多親市《あたしんいち》社長(当時)にお会いいただけるアポイントを取り付けると、すぐに東京へ向かいました。

はっきり言って戦艦に竹槍を持って戦いに行ったようなものです。私自身がコンピュータに詳しいわけでもありません。

ところが、阿多社長はこう言って迎えてくれたのです。

「古賀さんみたいに何度も諦めずに話をしたいっていう人とは、僕も会ってみたいと思ったんです。というのも、ビル（ビル・ゲイツ）も創業当初からずっと自分たちがつくり上げたものをどこどこに買ってもらいたいと直接足を運んで売り込んできた人だから。

古賀さん、いっしょに組んで何かやりましょう」

なんとか知り合いの伝手《つて》をたどってコネクションをつくってから相談しよう……ではなく、ズドンと正面突破で電話をしたからうまくいった。

強烈な成功体験で、ウソみたいなホントの話です。

私はその後、「宇宙修学旅行をやる！」と宣言したときも、ソニー、ＪＡＸＡ、日本旅行に正面突破を試みて、成功しています。**ヘンに遠慮して遠回りするよりも、思いをぶつけにズドンと行ったほうがうまくいくのかもしれません。**

まさに、**「心からいけ！」**です。

とにかくこうして柳川高校は日本の学校で初めてマイクロソフトと正式に提携します。

２００２年、私が理事長になった年に商業科マイクロソフトコースを立ち上げ（２０２４年4月から情報科）、在学中に「Microsoft Office Specialist 認定資格（MOS）」が取得できるようなカリキュラムが始まりました（後ほど改めてお話ししますが、現在柳川高校は、19年連続高校生部門でのMOS合格者数日本一です）。

〝柳川高校があの世界的な企業のマイクロソフトと組んで、日本で唯一のマイクロソフトコースを始める⁉〟

地域の驚きは「マイクロソフトが柳川高校を買収するらしい」という謎の噂に発展するほどで、とにかくたくさんの人たちが柳川高校で新しいことが始まるらしいと認識してくれたのです。

絶校長からのアドバイス

―4― 自分のモノサシを変えたい人へ

根回し、調整、伝手をたどる。どれも交渉事では一般的に行なわれていることです。たしかに、今ある仕組み、組織を動かすときには役立ちます。ただ、まったく新しい取り組み、どうしてもこのキーマンを口説きたいというときは、真っ正面から行きましょう。

思いが伝わると、人は理よりも心で動いてくれます。

☑ 理事長と校長を兼任。「絶校長」になる前の校長時代

商業科マイクロソフトコースを立ち上げた7年後、私は40歳のときに校長を兼任することにしました。

ただ、この時点ではまだ「絶校長」ではありません。

子どもたちからすると年配の校長先生に比べたら距離が近い、いっしょにテニスもできる校長という感じだったと思います。

なぜ、このタイミングだったかと言うと、理由は2つあります。

1つは前任の校長先生が定年退職するタイミングだったこと。もう1つは教職員の方々が学校の向かう方向性について迷いを持っていると感じていたからです。

理事長の主な仕事は学校の経営ですが、当時の私はマイクロソフトとの提携をはじめ、校長の業務である教育サイドにもずいぶん入り込んでいました。つまり、教職員から見ると、学校のトップが2人いるような状態になっていたわけです。

生じている迷いをなくすためにも、理事長・校長を一本化したほうがいい。

指示系統がすっきりすることで、組織を強くし、スピーディーに改革を進めていけると考えました。

とはいえ、もし私が理事長になったタイミングで校長も兼任していたら、柳川高校の改革はうまくいかなかったと思います。学校は経営難に陥り、働く教職員の方々を不安にさせている一族の3代目が、経営だけでなく、教育にも口を挟もうとしている……。そんな始まり方で信頼を得られるはずがありません。

今振り返ってみると、理事長になってからの7年間は私が周囲からの信頼を得るための時間でもあったのです。

じっくりと教職員の方々とコミュニケーションを取り、いっしょに商業科マイクロソフトコースなどの新コースを立ち上げる仕事に取り組み、柳川高校を選んでくれた子どもたちの夢の実現を後押しする仲間になっていく。その間、もろに昭和的な飲みニケーションの時間もたくさん持ちました。

また、私学の場合、生徒募集のために県内の各中学校、約70校を回る営業活動も行ないます。

通常は先生方だけで回るのが一般的ですが、私は常に先生方とコンビを組み、1学期、2学期、3学期と新学期が始まるたびに各中学校で柳川高校を売り込んでいくようにしていました。

それは本当に地道な活動で、現場に出てみると大小さまざまな問題と遭遇します。その1つ1つをどうしたら解決できるか、移動中の車内で話し合い、昼ごはんをいっしょに食べながら打開策を探っていったのです。

そうやって文字通り、知恵を絞って、汗を流して仕事をしていくとお互いの人となりが伝わっていきます。その積み重ねがあったから校長を兼任した後、先生方が学校のリブランディング（ブランドの再構築）に協力してくれたのだと思います。

逆に言えば、この長い信頼回復のための時間を通じた土台づくりがなければ、今はないということです。

いきなり、

「絶校長だ。いくぜ！　俺は柳川高校のルフィになる！」
「学校という船に乗った仲間たちと、柳川高校を変えていく！」

と言っても、
「はあぁ?」という反応しか返ってこなかったでしょう。

絶校長からのアドバイス
5 自分のモノサシを変えたい人へ

古い価値観のように思われるかもしれませんが、「同じ釜の飯を食う」は今も通じる慣用句です。人は苦楽をともにする相手に親近感を抱きます。
しんどい仕事をいっしょに担っている上司、部下、同僚がいるなら、愚痴をこぼすのではなく、相手の働きによっていかに自分が、チームが助かっているかを言葉にして伝えましょう。得がたい信頼関係が築けるはずです。

☑「世界一」と「日本初」にこだわってのグローバル学園構想

商業科マイクロソフトコースを立ち上げたのと同時期に、柳川高校は国の「次世代ＩＴを活用した未来型教育研究開発事業」指定校にも選定されました。

その結果、MOS（Microsoft Office Specialist）試験合格者数が、高校生の部で19年連続日本一を達成し、マイクロソフトが開催する世界学生大会でも、ワード部門、エクセル部門、パワーポイント部門で入賞者を輩出しています。

企業の方にも、「柳川高校の卒業生はパソコンを使える」という評価が浸透し、生徒の希望する就職先への就職率の高さにつながっていると実感しています。

そんな変化の始まりとなったマイクロソフトとの提携が地域と教職員、子どもたちと保護者の方々に与えたインパクトを見て、私は柳川高校で何か新しいことに挑戦するとき、2つのキーワードにこだわるようになりました。

「世界一」と**「日本初」**です。

潰れるかも……と噂されていた学校が世界一のグローバルカンパニーと提携した驚き。それは明らかに教職員と地域の意識を変えました。3代目は若いだけじゃないかもしれない。わずかに吹き始めた追い風に乗るように、国際科の科長をしていたときからあたためていたプランを実行に移していきました。

それが今も続く**「グローバル学園構想」**です。

まずは国際科の改革に乗り出し、ネイティブ教師による授業を増やし、事務方の職員と連携して、希望者が休学することなく海外留学ができるカリキュラムを組みました。併せて海外に柳川高校の現地事務所をつくり、各国からの留学生の受け入れにも力を入れていきました。

結果、国際科ではクラスの半数近くが留学生という環境下で、各国から日本にやってきた同級生と机を並べながら、日常的に異文化交流を深め、語学力を磨くことができる環境をつくっていったのです。

それと並行してタイと日本を行き来しながらの数年間の準備を経て、2016年、タイ南部ナコンシータマラートに「柳川高等学校附属タイ中学校」を開校しました。これは日本の私学としては「日本初」の海外附属中学校です。

グローバル学園構想は、柳川から世界視野で物事を見られる子どもを育てるプロジェクト。これからの時代を見据えたグローバルな教育環境を用意したいという思いがあったからスタートしました。

現在は世界13の国と地域に現地事務所を開設し、8カ国から100人を超える留学生を迎えています。これからの日本は確実に、さまざまな国の人々といっしょに仕事をする多様化の時代に入っていきます。

子どもたちは10代のうちから文化や考え方の異なる同世代の留学生と共に過ごす教育環境に身を置くことで、力を合わせて問題の解決にあたる人材に育つきっかけをつかめるはずです。日本の生徒を送り出す「留学」も大切ですが、外国の生徒を受け入れる「留学」にも力を入れ、今後もよりグローバルな教育環境を用意していきます。

☑「スマート学園構想」と世界初の宇宙修学旅行

「柳川高校は、時代の一歩先を行っている学校だよね」
「柳川高校は、未来志向で何か新しいことをやる学校だよね」
「勉強のその先の学びがあるのが、柳川高校だよね」

学校改革を進めながらいつも意識しているのは、そういう印象を地域の人に持ってもらうことです。

「うちは進学実績がこうです。あの難関大学にも合格者が出ています」とアピールする進学校は全国にたくさんあります。もちろん、その実績と数字はすばらしいものです。でも、柳川高校は子どもたちが成長する環境であることを大前提としながらも、違う土俵をつくって、別の切り口で勝負をし、魅力をアピールしています。

その取り組みの柱の1つが、**「スマート学園構想」**です。

直近ではNTTコミュニケーションズと協力し、柳川高校をメタバース空間の中に再現しました。

タイの附属中の子どもたちもメタバース上でいっしょに授業を受けたり、実際にその場にいるような感覚で海外の学生と会話したり、離れた場所から誰もがオープンキャンパスを体験できたり……。今後はバーチャル空間での臨場感あふれるオンライン授業や体験学習も行なっていく計画です。

メタバースのいいところは、距離や時間の制約を受けることなく、多様な人々とのつながりをリアルに体感できること。**自分ではない誰かになれるというアバターの特性を活かせば、リアルでは積極的になれない子でも、歌ったり、踊ったりと自分を解放する経験を積めます。**

新しいテクノロジーだけに、どんな教育を展開できるかは未知数。だからこそ、新たな発見や創造の可能性に満ちているのです。


これは「スマート学園構想」とも関連していますが、柳川高校からの最新の「世界初」の発信は、**「宇宙修学旅行」**実施予定の発表でした。

今、世界中のさまざまな企業が宇宙に目を向けています。宇宙を舞台にさまざまなビジネスが展開される時代は、すぐそこまで来ているのです。そんなこれからの宇宙時代を生きる子どもたちのために、2021年度から「宇宙教育」を開始しました。

またも正面突破の交渉で、ソニーやJAXA、日本旅行からの協力を得て、宇宙を身近に感じられるワークショップや授業を実施しています。例えば、２０２１年には、生徒たちが生成したタンパク質を国際宇宙ステーション（ＩＳＳ）に届け、無重力状態の影響などを比較・観察・研究するためのタンパク質素材づくりを行ないました。このように、宇宙を身近に感じながらワクワクする感動体験とともに、自己表現力やこれからの宇宙観を醸成し、感性を磨く内容となっています。

そしてその先、２０３０年には「世界初」の「宇宙修学旅行」の実施を予定しています。

今の在校生の修学旅行には間に合いませんが、ソニーやＪＡＸＡの担当者が来校し、子どもたちといっしょに旅行プランを組み立てる授業などを行なっています。例えば、「２０３０年代の宇宙修学旅行プラン」のプレゼン。グループに分かれて、自分たちが宇宙から撮影してみたい地球の画像を検索し、発表しました。また、地元の方々にも声をかけて、宇宙修学旅行のＰＲ商品を企画するなどの活動も始めています。

周囲から見切り発車のように見られたとしても、先んじて行動することで得られるものがあるはずです。

絶校長からのアドバイス

6 自分のモノサシを変えたい人へ

新しい試みを発表すると必ず批判の声も寄せられます。でも、マザー・テレサの言うように「愛の反対は憎しみではなく、無関心です」。批判されることを恐れずに、自分の意志を、組織の進みたい方向性を、周囲に表明しましょう。時間と実績が批判者を応援団に変えていきます。

突拍子もないように見える仕掛けの中に脈々と流れる建学の精神

現在、柳川高校には「普通科」「商業科」「国際科」「情報科」の4つの科があり、「普通科特進コース」「普通科進学コース」「商業科総合ビジネスコース」「国際科I.C.C.コース」「情報科マイクロソフトコース」の5つのコースがあります。

ここに、新たに**通信制課程「シリウス」**が加わりました。

通信で学ぶと言うと、いまだに不登校の子どもたち、朝晩が逆転して学校に行けない怠け癖がついた子どもたちが中心という、ネガティブなイメージが残っています。でも、私はもう10年近く前からいずれ全日制と通信制の間で、学び方の逆転現象が起きると考えていました。

N高等学校が先駆者として成果を出していますが、**時間や場所の制約がなくなる通信制という選択肢は子どもたちにとってより自由な、より充実した学びの機会となります。**

多くの大人はコロナ禍を通じて、オンラインで仕事をすることの可能性を実感しました。在宅勤務、リモートワークに多くのメリットがあることを理解したはずです。通信制での勉強は自分のペースで取り組める自由度が高いので、学習意欲が高い人、勉強が得意な子により適した仕組みだと思います。

1限目から6限目まで学校が決めた授業を教室に行って受ける時間がもったいない。この先、自分がやっていきたいことがはっきりしているから、その準備に多くの時間を使いたい。

すでにビジネスの世界で成果を出しつつあるから、通信制で高卒の資格だけ取りたい。

そんなふうに目的意識のはっきりしている子どもたちも魅力に感じてくれる通信制課程

と、新たなプロジェクトをつくっていきます。

さらなる次の一手として準備を進めているのが、起業家育成のためのスタートアッププロジェクトです。

すでに柳川高校では大正製薬の協力のもと、リポビタンDのオリジナルラベルデザインのコンペを開き、実際に商品を学内や地域のコンビニなどで発売するといったビジネスを学ぶ試みを行なっています。

こうした実践をさらに広げ、学内での起業、地域での起業を経験しながら、将来的に起業家として活躍できるような学びの場をつくっていきます。

柳川高校の始まりは柳河商業。

「子どもたちがしっかり生き、商売ができる人になるように」と始まった学校です。

起業家育成はある意味、原点回帰。そして、原点という切り口で考えると、さまざまな事情から全日制とは違う学び方を求める子どもたちが集まる通信制課程の新設は、祖父の「全員受け入れて育てる気概を持って学校運営をしていこう！」という信念と結びついています。

グローバル学園、スマート学園、宇宙修学旅行、通信制課程、起業家育成。一見、目立つために突拍子もないことを仕掛けているように思われてしまうかもしれませんが、根底には創立の精神が息づいているのです。

☑ キャッチフレーズは、「はじまりは! 柳川高校。」

今、柳川高校のホームページやパンフレットを見たとき、最初に目が行く場所にこんなキャッチフレーズが躍っています。

「はじまりは! 柳川高校。」

このキャッチフレーズは「これから10年使われる言葉を考えよう」とコピーライターや広告代理店の方々とミーティングを重ね、重ね、重ね……締め切りが近づく最後の最後、明け方の4時くらいに自宅の寝室で寝っ転がっていた私が思いつきました。

「はじまりは!」には、柳川高校に集う人たち全員にとって「柳川高校が始まりの場所になって欲しい。そうしていきたい」という思いが詰まっています。

例えば……

■宇宙になんかまったく興味のなかった新入生が「宇宙修学旅行」と聞いて、「なにそれ、行けるの⁉」と気持ちを動かす

■「メタバース？　なにそれ？」と怪訝《けげん》な顔をしていた保護者の方が、子どもたちから授業の話を聞いて、「見てみたい、やってみたい」と思い始める

■海外旅行に行くことを考えたこともなかった生徒が、留学生と話すうち、この子の育った街に行ってみたい！とパスポートを取得する

そんな「はじまりは」もあれば、こんな「はじまりは」もあって欲しい。

■中学までは数学が嫌いだったけど、高校に入って出会った先生の教え方がおもしろくて、「数学悪くないかも？」と思い始めている

■絶校長が朝礼で失敗談をどんどん話すから、大人になっても失敗していいんだなって

気が楽になった

■学校の中にジムがあって、筋トレの楽しさに気づいた!

いろんな意味での「はじまりは」がある場所。

そういう柳川高校であり続けること。

絶校長が突拍子もないことを始める姿を見せて、子どもたちが「あ、こんなこともやっていいんだ!」と感じてもらうこと。集う人たちの感受性のアンテナの張り方が変わってくる学校でありたい。

そんなことを考えての学校改革の取り組みは、次の数字を見てもいい方向に向かっていると実感しています。

■令和元年度は全校生徒が757人、定員数1290人に対して757人で、いわゆる充足率は58・7%

■令和2年度は全校生徒が833人で充足率が64・6%

■令和3年度は全校生徒が927人で充足率が71・9%

- 令和4年度は全校生徒が1084人で充足率が84％
- 令和5年度は全校生徒が1178人で91・3％
- 令和6年度は全校生徒が1210人で93・8％

令和6年度の新入生は定員を超えました。教職員の方々のがんばりがあって、地域でのイメージが変わり、国内外から子どもたちが集まってきてくれるようになりました。

それが今の柳川高校です。

☑ 人は変われると1000％信じている理由

毎年、卒業アルバムに載せている言葉があります。


「卒業生のみんなへ！　人は無限の力をもって、この世に生まれ、無限の可能性をもって、この世に存在しています。

自分の限界を誰が決めているんですか？

自分ではありませんか？

自分ができるか？　できないか？

自分で自分のサイズをつくっていませんか？」

私は「人は変われる」と100%、いや1000%信じています。

でも、世の中には「どうせ俺なんて」「どうせ私なんて」と自らもう変われないと思い込んでいる人もいれば、マネジメントする立場なのに「こいつらに何を言っても変わらないよ」と諦めている人もいます。

でも、私は人が変われるかどうかは、**誰が隣にいるか次第**だと考えています。

思い出すのは、以前、あるプロ野球の監督と食事をしていたときに聞いたこんなエピソードです。

監督のチームでは球団が新球場に移転。以前の球場よりも外野が広く、フェンスも高くなり、なかなかホームランが出なくなりました。

選手たちは「フェンスも高い」「ドームになって追い風が吹かなくなった」とぶつぶつ

文句を言っていたと言います。ところが、メジャーリーグから外国人選手がやってきてすぐにホームランを連発し始めました。そしたら、ぶつぶつ言っていた日本人選手も打ち始めたのです。

「古賀くん、これってどういうことだと思う?」

全国の球児たちのトップ中のトップが集まるプロ野球の世界。元々、どの選手にもその新球場でホームランを打てる力があったはずです。

ところが、環境が変わったら誰も柵越えを放てなくなってしまった。

そこで、「打てないね……」とぶつぶつ言い始める。

監督は**「これね、ノミの実験の話と同じなんだよ」**と言うのです。

ノミの実験の「ノミ」とは、あの自然界にいる小さなノミのこと。

ノミはすごい脚力を持っていて、人間で言うとマンションの6階の高さまでジャンプすることができます。ところが、そのノミを小さな箱に入れて2日間置いておくと、そこから出しても箱のフタの高さまでしか跳べなくなってしまうのです。

2日間、箱の中でぴょんぴょん跳ね、天井にぶつかっているうち、ぶつからない高さまでしか跳ねなくなる。人間に置き換えるとそれは「俺なんて、どうせ」「私なんて、どうせ」となっている状態。そして**小さな箱は「あなたにはこれくらいしかできないよ」と押しつけてくる教育や常識のようなもの**です。

では、その跳べなくなったノミを、箱に入ったことのないノミといっしょにしておくと、どうなるのでしょう?

わかりますよね? そうなんです!

すぐに人間で言うところの6階の高さまでジャンプできるようになっちゃうのです。

横で自由にぴょんぴょん跳ねているノミを見て、「あれ? 俺もできるかな」「あれ? 私もできるのかも」と跳んでみる。そしたら跳べてしまう。

「ああ、自分もこんなに跳べるんだ」と気づいた瞬間、元の脚力を発揮できるようになるのです。

監督は「うちの選手たちは、外国人選手がホームランを打つのを見て、自分たちの力を思い出したわけ」と言って笑っていました。

監督にとっては食事中の雑談だったのかもしれませんが、私はもうズガーン！　と心を撃ち抜かれ、考えました。


学校が、子どもたちにとっての小さな箱になっていないか。

保護者の方々が、子どもたちにとっての小さな箱になっていないか。

教職員が、子どもたちにとっての小さな箱になっていないか。

世の中に溢れる情報が、私たち大人や子どもにとっての小さな箱になっていないか。


柳川高校から、子どもたちが頭をぶつけるような天井は取っ払ってしまおう！

隣を見たら自由に飛び跳ねている仲間がいる場所にしよう！

自分たちが活躍できる場所は、無限に広がっているんだと感じられる刺激をシャワーのように浴びせていこう！


卒業生の中には、卒業後思い切ったキャリアを積み上げている人がいる。自分の得意なこと、情熱を傾けられることを柳川高校で見つけて、仕事や進学の進路を選んだ人がいる。子どもたちも、大人たちも、そこに集まった人たちの何かが始まる学校。それが「はじまりは！　柳川高校。」です。

第2章

絶校長、誕生！

校長、
学校のイメージを
変える

☑ 停滞してしまった柳川高校をどうにかしたい

経営再建の道筋が見えてきた頃、僕は校長を兼任するようになりました。

しかし、柳川高校の生徒数は減っていて、校内の雰囲気は沈滞気味です。

どうにかいい方向に変えていきたい。

だけど、その〝いい方向〟とは？

そう自問自答したとき、パッと浮かんできたイメージがありました。

それは子どもたちの明るく元気な姿です。真剣に悩んだり、弾ける笑顔で喜んだり、歯を食いしばって何かに打ち込んだりしている姿でした。

例えば、高3時点での学力を高めて進学実績を伸ばすこと、他校にはないカリキュラムをつくって注目を集めること、先生方との連携を深めて円滑な学校運営を実現すること、外部のプロフェッショナルの力を借りて社会とつながる学校にしていくこと、国際化路線を推し進めること……。

もちろん、どれも大事な〝学校が目指す方向性〟だと思います。

でも、そうじゃない。そのイメージじゃない。僕たちにとって柳川高校がどんな学校になったら幸せか。

そのために自分から動いてすぐにできることはなにか? と考えたとき、シンプルな答えが出ました。

よし、僕は明日から明るくいこう!
自分が前に出て、学校を盛り上げよう!

朝は登校する生徒1人ひとりを出迎え、目を合わせて「おっはよぅー!」と挨拶をして、昼休みや放課後はいっしょにスポーツを楽しみ、学校のイベントでは司会者として場を盛り上げる。とにかく**エネルギッシュな校長として振る舞っていくことにしたのです。**

なんとか柳川高校を盛り上げていきたい。

その一心で活動するうち、下校する生徒たちがこんなふうに言い合って笑っているのを見聞きするようになりました。

「今日も校長、絶好調だったよな」

僕の立ち居振る舞いは、ステレオタイプな威厳ある校長のイメージとはかけ離れたものでした。もちろん、失笑している生徒もいたと思います。校長先生やり過ぎですよ……と苦笑いの教職員もいたはずです。

でも、僕は自分がテンション高くいることで子どもたちの笑顔が増え、沈滞していた校内の雰囲気が少しずついい方向に変化しているのを感じていました。

絶校長からのアドバイス

7 自分のモノサシを変えたい人へ

自分の属している組織、リーダーとして引っ張っているチームに沈滞したムードが漂っているとき、先頭に立って明るく引っ張っていく。古典的なリーダーシップの表わし方かもしれません。

でも、この方法に特別なノウハウは必要なく、誰もが意識を変えるだけで実践することができます。もし、あなたのいる場所でポジティブな変化が求められているなら、周囲の人たちと目を合わせての「おはよう」から始めてみてください。

☑ 校長から、「絶校長」へ

そして大きな分岐点となったのは、校長となって数年後の体育祭です。

僕は何を思ったのか、勢いで全種目に出場しました。

走って、跳んで、ダンスして、ＭＣもやって、とにかく子どもたちと全力で楽しみ、即席で保護者参加のプログラムをつくり、親御さんをぐいぐい巻き込んでいったのです。

「お父さん、お母さん！　今日はプログラムに入ってなかったんですけど……、玉入れをやりましょう‼」

でも、お父さんもお母さんもなかなか出てきてくれません。

「お父さん、お母さん、出て来ないと成績に響きますよー！　冗談ですけど」

ようやくちょこちょこ出てきてくれたので、もう一押し。

「今日は〇〇からキッチンカーがきて、かき氷を出してくれています。あれ、すごくおいしいんですよ。お父さん、お母さん。勝負で勝ったチームには、僕が全員にかき氷をおごります！」

そしたら、次々と保護者の方が前に出てきて、即席の玉入れは大盛り上がり。子どもたちは、「こんな校長先生が、大人が、いていいんだ」と、唖然とした顔をしていたのを覚えています。その後の閉会式。全校生徒を前に生徒会長が、こう言って挨拶を締めくくるのが聞こえてきました。


「今回の体育祭、まるで絶校長先生のための大会でしたね！　皆さん、おつかれさまでした！」


絶好調×校長で、絶校長か！　うまいこと言うな！　このネーミングもらっちゃおう！

この日を境に私は、やたらパワフルで明るい校長から、「絶校長」へと変身したのです。生徒会長の思いつきが、大人の僕のモノサシを変えてくれました。

実際、絶校長を名乗り始めたら、子どもたちの僕への距離感が今まで以上にぐぐっと近づいていったのです。

☑ 校長の、学校のイメージを変える

生徒からもらった絶校長というネーミング。これは偶然の産物です。

しかし、学校を変えていくために従来の校長像を壊していくことは意図的な戦略で、私なりに明確な2つの目的があって取り組んだことでした。

①校長の、学校のイメージを変えること
②子どもたちの力を心底信じる校風をつくること

学校に限らず、どの組織で働く人にも共通する悩みだと思いますが、組織の雰囲気が停滞し、うまくいっていないとき、その状況を変える風を吹かせ、仲間を増やしていくのは至難《しなん》の業《わざ》です。

プロ野球やサッカーJリーグなどプロスポーツのチームのように、成績不振を受けて監督やコーチを変えたり、キャプテンシーのあるベテランを移籍で獲得するなどして選手を

入れ替えたりできるわけではありません。

僕たちは今ここにいる人材、今ここにある設備はそのままで、変化の機運をつくっていく必要があるのです。

そのためには、何か大胆な刺激が必要。無風のままでは組織に変化は生じません。柳川高校の場合、その刺激の1つが絶校長でした。


僕自身の学生生活を振り返っても、校長先生はあまりにも遠い存在で、普段は校長室にいて、出てくるのは行事のときだけ。話をした記憶もほとんどありません。卒業してしまえば、名前すら覚えておらず、それは人と人との関係性としてあまりにも悲しすぎます。

だから、僕は校長になったとき、こう決心しました。

最初は教職員から失笑されるようなことがあっても、とにかく明るく元気に振る舞い、自分が先頭に立って、生徒たちが朝起きてすぐ「今日も学校に行きたい!」と思う環境をつくっていく。

そのために自分のスタイルをセルフプロデュースしていきました。

そうしたら、生徒たちもウザがらず「校長、今日も絶好調だね」と受け入れてくれて、さらに生徒会長が絶校長という絶妙なネーミングをくれたわけです。

しかも、ダンス部とコーチが中心となってデザインした、ひと目見たら忘れられない黄色い絶校長Tシャツまで発案してくれました。胸には体育祭で叫んでいた僕のイラストと絶校長のロゴがプリントされていて、インパクトは特大です。

それから僕は毎朝そのTシャツを着て、登校する生徒たちを出迎えるようになりました。こうした変化が子どもたち発信で広がっていったこと。これは本当にうれしい展開でした。

そして、その勢いに乗って僕はある日の全校朝礼で、全校生徒たちの前でこう宣言しました。

「今日から俺は『ワンピース』のルフィになると決めた！」

「そして、この学校を、この仲間たちといっしょに世界一の学校にしていく！」

学校で作成した世界地図（通称「海賊の地図」）を見せ、柳川高校が世界展開していく「グローバル学園構想」への夢を語ったのです。

絶校長からのアドバイス

8 自分のモノサシを変えたい人へ

キャラクターになりきることで、自分の持つ力以上のパワーが出ることがあります。これは芸能界で活躍する、ある有名タレントさんに聞いた話ですが、収録スタジオに入り、芸名の自分になるとスイッチが入り、プライベートの自分とは違う力を発揮できるそうです。

僕の場合は、それが絶校長。あなたも自分の中に仕事用のキャラをつくり、育んでみると、予想外のブレイクスルーがあるかもしれません。

☑ 学校改革の鍵をにぎるのは、「全校朝礼」

グローバル学園構想を初めて語ったときもそうですが、僕は大事な発表をする場所は必ず「ここ」と決めています。

それが「全校朝礼」。

柳川高校の全校朝礼の「全校」に含まれるのは、全生徒だけではありません。教職員も全員集まります。つまり、全校朝礼で話すことは学校に関わるすべてのステークホルダーに届くわけです。

人(特に大人)の感覚というのは不思議なもので、面と向かって直接「変わろうぜ!」「明るくいこう!」「夢を持って」と言われると、なぜか批判されているような気持ちになりませんか? 今までの自分の取り組みが否定されたような気分になって、イライラしたり、できない理由を探したり、夢なんて……と冷めた反論を返したりします。

でも、これまた不思議なもので、面と向かうのではなく、たまたま手に取った本で読んだり、ふと見たドキュメンタリー番組から流れてきた言葉だったり、多くの聴衆に交じって講演を聞いたりしていると、熱いメッセージをすーっと受け止められるものです。

だから、**僕は全校朝礼で生徒に向かって、変わろうぜ、明るくいこうぜ、夢を実現していこうぜ、と熱く、熱く語ります。なぜなら、それを横で聞いている教職員たちにも、そのメッセージが浸透していくからです。**

全校朝礼は、僕がどんな考えを持って、どんなことを実現していこうとしている人間なのかをアピールする絶好のチャンス。学校を変えるには「これしかない!」という思いで、次の3つのルールを自分に課して全校朝礼に登壇しています。

1、前日は飲みに行かない
2、朝5時に起きて、話す内容を考える
3、新しいコンタクトレンズをつける

飲みに行かず、早朝から準備するのは、毎回しっかりと内容の濃い話をしたいから。コンタクトを新調するのは、生徒たちの目をしっかり見つめるため。僕は「日本一、世界一を常に目指せ」が口癖です。

なぜなら、語っている大人が本気で夢を語らなければ、子どもたちの目は輝かないから。僕は全校朝礼で話すのが大好きで、毎朝でも話したいところを我慢して月1回にしています。

そして、話す内容については次の3つを徹底しています。

■人は変わると信じる
■ワクワクするメッセージを発信し続ける
■いっさいネガティブな発言をしない

この自分で決めたルールを守り、全校朝礼での発信によって組織の軸をつくり、生徒や教職員の方々の考え方を明るくポジティブに変えていきました。

伝わっていた言葉は、相手の心に残り、生きていきます。

そして、その人を変えていきます。人が変われば、組織も変わる。そのくり返しと積み重ねで、学校の校風や文化が変わっていくのです。


なかでも僕が特に力を入れているのが、毎年4月、5月の全校朝礼です。

入学してきた新1年生、進級した在校生に向けて、絶校長は入学式、始業式と全校朝礼で1年間の空気をつくっていきます。

小学校、中学校の間に固まった校長先生の長くて退屈な話というイメージを打ち破ること。そのために僕は、失敗談もあけすけに語りますし、ふざけもしますし、柳川高校が目指すでっかい夢の話も次々と投げかけていきます。

1年生にとって、「この人の話をもっと聞いてみたい」という存在になること。在校生にとっては「今日の絶校長の話はなんだろう？」とワクワクしてもらうこと。それが大切で、1年の勝負は新年度初めの3週間で決まるのです。

また、事前に教職員の方々に「こんな話をします」と伝えることもありません。だから、全校朝礼で新たな構想の発表があると、教職員の方々も生徒と同じようにざわつきます。それがいい。

ここから何かが始まるかもしれないという期待感と緊張感。今日は絶校長、何を話すんだろう？　という視線が集まる場。それが柳川高校の全校朝礼です。

絶校長からのアドバイス

9　自分のモノサシを変えたい人へ

勝負どころを定める。これはリーダーシップを発揮する上で、重要なポイントです。いつもいつも全力では息切れします。また、話を聞くメンバーもリーダーの言葉に慣れてしまいます。だからこそ、期末の挨拶、新入社員が入社後の全体会議など、最高の自分を見せる場所は「ここ」と決めていくこと。すると、聞く側も「ここは大事だ」と心の準備が整います。

校長が朝から壇上で、恥ずかしい失敗談を語る

高校生活で子どもたちに何を観せ、何を聴かせ、何を感じてもらうか。その始まりが全校朝礼。だから、僕は真剣に命をかけて話します。

なぜなら、**1つ1つのエピソードが相手の心に届けば、それは意識の変化をもたらすからです。言葉には人や組織を変える力があります。**

力を入れているのは、僕の経験談、失敗談を赤裸々に語って、世界を知ってもらうこと。自分のモノサシを変えるきっかけをつかんでもらうこと。

ある日の全校朝礼では、柳川高校の事務所をつくるためにインドネシアへ行ったときの話をしました。

「2年前の話だけどね、僕は『インドネシアの子どもたちの留学先として柳川高校を選ん

でもらいたい』と思って、日本大使館を通して現地の知事と会談するセッティングをしてもらったんだよ。

現地に着くと、空港からの道は大渋滞。インドネシアは渋滞が世界遺産と言われるくらいの混沌とした交通事情で、知事との待ち合わせ場所の庁舎までノロノロとしか進まない。クルマの中で『噂に聞いていたけど、こんなに動かないのか』と驚いていたら、物売りの男の子が車列の間を歩いてきて『これ、買って』と揚げバナナを勧めてきたんだ。

僕はね、若い頃、テニスの国際大会に出ていたから、アジアもそれなりに旅してきたんだよね。だから、行商の子が売っている揚げものの揚げ油は何百回も使われて、めちゃくちゃ汚れているのを知っていた。

でも、その男の子、めちゃくちゃキラキラした目で僕を見てくるんだ。今の君たちみたいにね。だから、僕は揚げバナナを買っちゃいました。買っても、食べないって選択もあるからね。だけど、彼は『食べて、食べて』って、僕が食べるまでニコニコしながらこっちを見ている。あのキラキラした目で。

食べたら、ヤバい。ヤバいけど、食べないとこの場は収まらない。僕はヤバいなぁと思いながら、食べました。

どうなったと思う?

案の定、10分くらいでガーッとお腹が痛くなってきて……すぐにでもトイレに行きたくなってきた。近くのホテルでトイレを借りたら、完全にくだっている。でも、知事との会談をキャンセルするわけにはいかない。それこそ知事室に便器を持っていきたいぐらいのお腹のくだり方だったけど、柳川高校のインドネシア事務所を開設するには行くしかない。

つらくて同行のスタッフに聞きました。

『知事のところに行って帰って来るのにどれくらいかかる?』

『行くのに30分、会って30分、帰って来るのに30分で1時間半ですね』

よし。その間だけは、どうにか我慢しよう。そう決意したら、アドレナリンが出たのか、なんとか知事との会談は無事にクリアできたんだよね。それどころか、話はかなり盛り上がった。知事は事務所の開設に前向きになってくれて、僕に地元の名士を紹介してくれるという話になっていったんだ。

『今からちょうど、地元のお祭りがあるから、いっしょに行こう。みんなに紹介するよ』

会場ではダンスや民族楽器の演奏など、いろんな演《だ》し物《もの》が行なわれていた。僕は壇上から鑑賞できる席に案内され、知事の横に座ることに。

『今日は日本からゲストが来ました』と列席する現地の名士の方々に紹介してもらい、握手する。立ったり座ったりしていたら、腹痛がよみがえってきた。ぐっと下腹に力を入れて、そこから4時間闘い、なんとか切り抜けました。

ちなみに、その日、僕が穿《は》いていたズボン、何色だったと思う？

よりによって真っ白いパンツだったんだよ！

柳川高校のインドネシア事務所の開設の裏には、誰も知らない、知られちゃいけない絶校長の無言のがんばりがあったって、覚えていてくれたらうれしいな」

と、そんな話をします。校長先生が朝から壇上で、下痢の話です。

自分で見てきた世界のこと、恥ずかしい失敗談、体当たりで飛び込んだからうまくいったエピソード……リアリティがあるから、子どもたちもキラキラ、ギラギラした目で僕を見て、集中して聴いてくれます。

絶校長からのアドバイス 10

自分のモノサシを変えたい人へ

失敗談を積極的に話すようになると、とてもいいことが2つあります。

1つ目。それはしくじった瞬間、「これはいいネタになる」と思えることです。もちろん、失敗直後はヘコみます。でも、「これをどう話したら、みんなが喜ぶかな?」と考えられるので、立ち直りが劇的に早くなります。

2つ目。こういう失敗する大人の姿を子どもたちに積極的に話すことで、失敗は隠すものではないと、伝えられるということです。失敗はヘコみます。でも失敗しない人なんていません。要は、自分の失敗をどのように次に生かせるかが大事。失敗を隠していては、改善への手が打てません。

☑ 周りが言葉を聞く態勢になってくれることの重要性

こんなふうに体験談、失敗談をどんどん話していくと、全校朝礼の日が近づくにつれて生徒が、「絶校長先生、次はどんな話をするの?」と聞いてくれるようになります。

また、あるときは不登校の生徒の親御さんが「うちの子、全校朝礼の先生の話だけは聞きたいと言い出して、学校に通う日数が増え始めたんですよ」と教えてくれたこともありました。

周りが言葉を聞く態勢になってくれること。これがどれだけ重要で、貴重なことか。組織を変えたい、環境を良くしたい。そのために周りの人たちの力を借りたい。そう思うなら、**包み隠さず、自分から心を開いて、ポジティブなメッセージを発信し続けること**です。

僕は本当に真剣に打ち込んでいます。

なぜなら、おもしろくない通り一遍の話を1回でもしたら、子どもたちに「やっぱり絶校長も、普通のステレオタイプの校長なんだな」と思われてしまうから。

もちろん、真面目な話をしなければいけない場面はあります。学校で何かトラブルが起こったときには、校長が出て行かなければいけません。

「みんな、今日は真面目な話をするけど、ちょっと聞いて」と。

そのとき、ストレートなメッセージが子どもたちに伝わるのは、全校朝礼で積み上げてきた信頼があるからです。


例えば、ある年の体育祭の真っ最中、天候が急変したことがありました。

プログラムは後半戦、ガンガンに盛り上がり、最後のリレーに入ろうというタイミングで雷が鳴り始めた。子どもたちは体育祭を続けたい。でも、グラウンドへの落雷で競技者が命を落とす事故は毎年のように発生しています。

ゲリラ豪雨の土砂降りだけだったら続行も可能だったかもしれません。だけど、雷は命の危険につながります。中止にしなくちゃいけないけど、強烈なブーイングが返ってくるのは確実なくらいに盛り上がっている。

ここで体育祭実行委員の生徒に言わせるのも、他の教職員にアナウンスさせるのも酷です。僕はグラウンドのど真ん中に出て行って言いました。

「みんな、雷が鳴っているよな。僕も体育祭、最後までやりたい。でも、ホントにごめん。今年はこれで中止だ、ごめん」

「えーっ」という声は上がりましたが、生徒は校舎に引き揚げてくれました。

普段、1対9の割合でおもしろさを追求しているからこそ、ここぞという場面での真剣なメッセージが伝わったのだと思います。

絶校長からのアドバイス

11 自分のモノサシを変えたい人へ

自分の内面を自ら明かすことを「自己開示」と言います。自己開示には不思議な効果があって、聞いた相手には「自分のことを話さなければ」という心理が働きます。

そして、一通りお互いのことを伝え合うと、この人は話せる人、聞いてくれる人という関係が築かれ、信頼感が生まれるのです。

だから、絶校長はどんどん自分を語ります。そして、こんな大人の姿勢を子どもたちに見てもらいたいんです。

☑ 海外の講演で起きた予想外の出来事

絶校長として全校朝礼に全力で臨んでいくうち、校風が大きく変わっていきました。

かつての柳川高校は、文化祭や体育祭、修学旅行、その他、日々の細かな行事も先生が全部お膳立てをして、その枠組みの中で生徒が動く。子どもたちに失敗させるなんてとんでもないという空気がありました。

でも、それでは子どもたちから主体性や当事者意識を奪ってしまいます。自由な発想も生まれなければ、物事をつくるとき、ゼロからイチにする喜びや大変さを学ぶこともできません。

だから、僕は全校朝礼で自分の失敗談をたくさん話し、そこから学んだこと、失敗の大切さを語り続けてきました。

これまで話したエピソードの中から、１つ紹介します。

「今日はね、世界は広い。世界を歩いて行くと、僕たちの価値観では計り知れないことが起きるんだよ、という話をします。

一昨年のことだけど、柳川高校の現地事務所を通じて『海外で講演してください』『日本の教育の話をしてください』という依頼があったんだ。

柳川高校をアピールするチャンスとなる依頼だから、当然、引き受けました。

でも、約束した講演の期日が迫ってきても、連絡が来ない。日本で行なう講演の場合、スケジュールが近くなると、主催者側から『どんなタイトルで話しますか?』『時間的には○分くらいでまとめていただけますか?』『当日の流れはこんなふうになっています』と、細かな連絡が入ります。

ところが、その講演は1カ月前になっても連絡なし。心配になるよね?

だから、こちらから『大体の当日のスケジュールと希望の講演内容を教えてください』と伝えたところ、『いや、先生、大丈夫です。いつも話されているトーンでお願いします。講演ではなく、司会者が質問する30分くらいのトークショー形式にしますので』と返ってきた。

だったら、大丈夫か。これで一安心だなと、僕は思った。

だってね、30分で質問を受ける形で、通訳も入るわけだから、実質15分ほど。これなら特に準備なしでも大丈夫だなとリラックスして、現地に入ったわけです。

とはいえ、海外では突然の変更はよくあるものだから、講演本番の前日、主催側のスタッフと食事しながら、確認しました。

『明日はトークショーでいいんですよね』

『はい。先生。トークショーです。自分が質問します。主に聞くのは日本でのICT教育や海外からの留学生の受け入れの現状などです』

それなら柳川高校での実践について話そうと決めて、当日を迎えたわけです」

☑ 手ぶらの絶校長はどんな第一声で講演を始めたか?

「ところが、会場に着いたらそこは国際見本市をやるような大型会議場。入口には、どーんと『世界教育フォーラム』という大看板が掲げてあります。

これはちょっと想像以上にお客さんがいるのかも……とドキドキしながら、控え室で進行表を開いたら、１人目の登壇者がイギリスの大学教授、２人目がアメリカの大学教授で、3人目がなんと僕。

テーマは『日本の教育』と書いてある。しかも、持ち時間は1人1時間ずつ。

『えーっ、これってトークショーじゃないんじゃない？』と慌てていたら、フォーラムが始まって、イギリスの先生も、アメリカの先生も、しっかりとつくり込んだプレゼン資料をLEDの大型モニタに映し出して、パワフルな講演をしているわけです。

その大画面は普通の大画面ではなくて、ステージの周りが全面モニタになっていました。そこにズドン、ズドンと資料や参考映像が出て、みんなの注目を集めている。

や、やばい。

さーーっと血の気が引いていくのを感じたよね。

トークショーだと聞いていたから、資料なんか準備していない。ぶっつけ本番で1時間。しかも、2人のゲストが見事な講演をした後です。完全アウェーもいいところ。

僕はもう腹を決め、１つだけスタッフにお願いしてステージに出ました。

『同時通訳じゃなくて、僕が話したら、その都度、通訳を入れてください』

そうすれば、僕の話30分、通訳に30分で、なんとかなるかもと考えたからです。

ステージから会場を見回すと、数百人の聴衆が集まっていました。

さて、みんな。ここでクイズです。

手ぶらの絶校長がどんな第一声で講演を始めたか予想してみてください」

絶校長が失敗談を語り続け、学校の雰囲気が変わっていった

「答えは、こうです。

『皆さん!　画面を見てください』

全面モニタは真っ暗です。

『何にも映っていません!　じつは僕、一生懸命考えて準備したデータの入ったUSBを会場入りの前に落としてしまったんです』

そう言ったら、客席のお客さんたちがクスッと笑ってくれました。内心、よし、空気は

悪くないぞ、イケると思って続けます。

『まずは皆さん、この真っ暗な画面の上に日本地図をイメージしてください。イメージするってすごく大切なんですよ』と言って、僕はステージの上手《かみて》に走っていって『はい。ここが北海道』と指さしたら、今度は下手《しもて》に走っていきながら『ここが本州。それでこっちが九州』です。

『僕は、九州のここ、福岡県の柳川市にある柳川高校から来ました』

『準備してきた資料は全部落としてきてしまって、お集まりいただいた皆さんにごめんなさいですが、今日はとにかく思い切り、私の経験から語れる日本の教育と柳川高校での実践についてお話しさせてもらいます』

息をぜぇぜぇさせながら、客席と向き合ったら、今度は多くの人がドッと笑ってくれました。

これで準備ＯＫです。アウェーがホームになりました。僕は今日ここでみんなに話しているのと同じテンションで、１時間の講演を乗り切ってきたよ。

世界に出ると予想外の展開が待っているし、失敗したな……と思うこともあるけど、自然体でやってみるとうまくいくときもある。失敗を怖がって行動しないより、動いて焦ってやってみて、いろんな感情を味わったほうがおもしろい。失敗を楽しもう。必ず成長できるから」

僕がこのエピソードを全校朝礼で子どもたちに話したのは、2つのメッセージを伝えたかったからです。

①世界は広くて、自分たちの価値観が通じないことはたくさんある
②チャレンジに失敗はつきものだけど、そこから何かを学べれば失敗しても大丈夫

かつての柳川高校は、「失敗を楽しもう」なんて考えが許される校風ではありませんでした。でも、僕が何度も何度も、いろんな失敗談を明かしていったら、全校朝礼を聞いている子どもたちだけでなく、教職員の雰囲気が変わっていった。

失敗しそうだからやめておこうという恐怖心はなくなって、やってみよう。失敗したら別のやり方を考えよう。そういう文化が根づき、チャレンジするのが当たり前の校風に変わっていったのです。

学校は失敗を乗り越える経験を積み重ねながら、成長していく場所。そのためには、失敗しても大丈夫だと安心して挑戦できる環境と、いつでもやり直しができる風土が大切です。

絶校長からのアドバイス

12 自分のモノサシを変えたい人へ

失敗しても大丈夫。そのコミュニティにいる人たちがその価値観を共有できると、「心理的安全性」が生じます。組織論の研究では、心理的安全性が高い組織では、誰もが自由に発言し、活発な議論を交わせるようになり、チームとしてのパフォーマンスが向上することがわかっています。

ただし、重要なポイントは「心理的安全性が高いから失敗しても大丈夫という価値観が生じる」のではなく、「失敗しても大丈夫という価値観が共有されるから心理的安全性が高まる」ということ。リーダーが自らの失敗を語る実践があってこそ、チームに大事な価値観が定着していくのです。

☑ 本気だから、絶妙な〝勘〟が働く

柳川高校の最新チャレンジの1つである「宇宙修学旅行」実施予定の発表は、テレビの取材中でした。

その日、取材のエンディングでインタビュアーの方から、こんな質問を受けました。

「柳川高校はいろんな取り組みをされていますが、次のチャレンジは何ですか?」

僕はすかさず答えます。

「2030年、柳川高校は宇宙へ行きます! 世界で初めての宇宙修学旅行を目指します!」

この宣言は周囲をざわつかせました。聞きつけた保護者やメディアからの問い合わせもバンバン来ました。

その問い合わせには、いつも「僕らは本気で行こうとしています。子どもたちも本気で行けると信じています」と応えています。

なぜなら、僕が子どもたちに見せたかったのは、**「宣言する力」**だからです。

それは、誰もができないと思っていることを宣言する**勇気**であり、実現に向けて動いていく**行動力**であり、その過程で**団結**が生まれ、できないだろう……という**空気を突き抜けていく姿**でした。

とはいえ、宣言するタイミングは慎重に計っていました。

例えば、２０１４年や２０１５年の段階で「宇宙に修学旅行に行く！」と言ったら、「絶校長ついに、乱心か」と思われます。

でも、僕はその時点で、子どもたちに「この先の10年で宇宙の見え方が、今の僕たちの見ている宇宙とは変わってくると思うよ。縁遠い場所ではなくなってくるはずなんだ」という話はしていました。

ただ、大々的に話すのはまだ早い。

僕が宣言したのは、２０２０年の４月でした。それは実業家の前澤《まえざわ》友作《ゆうさく》さんが宇宙に行く1年前のこと。

その後、前澤さんは2021年12月にロシアのソユーズ宇宙船に乗って、ISS（国際宇宙ステーション）に滞在しました。その前後にネット、テレビ、新聞などの各メディアは宇宙関連のニュースを次々と報じていきます。

僕も地元のテレビ局から宇宙での修学旅行を目指す柳川高校の校長として、「今日は前澤さんが宇宙に行かれますけど、どうですか？」と聞かれる取材を受けたこともあります。ですから、振り返ってみると宇宙修学旅行の発表は絶妙のタイミングでした。どうしていいタイミングで発表できたかと言えば、これは勘です。しかし、ただの思いつきではありません。

子どもたちといっしょに夢が持てる何かを発信したい……という思いがあって、日々、アンテナを張り、情報収集しているから勘が働く。全校朝礼でみんなをあっと言わせたい、驚かせたいという気持ちがあるから、うまくいくのだと思います。

絶校長からのアドバイス 13 自分のモノサシを変えたい人へ

発信したいキーワードがあるときは、その言葉をメモに残し、日々触れる情報から関連した話題を集めていきましょう。僕たちの脳は注目していることにつながる情報を無意識のうちに収集してくれます。アンテナを立てる、とは、キーワードをメモしておく、ということです。

☑ 生徒はヘンな大人との未知との遭遇で変化していく

子どもたちに、「こんな大人もいるんだな！」と思ってもらうこと。

それも僕が絶校長を名乗っている理由の1つです。

インドネシアやいろんな国での失敗談を話したと思ったら、宇宙修学旅行をやると言い出して、口を開けば「世界一、日本一」と言っている。

「未来は自分で創るものなんだよ!」

「誰もができないと思っているところにこそ、チャンスがあるんだよ!」


改めて、柳川高校は福岡県柳川市にある学校です。

かつて柳川城があった跡地にあり、学校の周辺はのどかな環境。いくらインターネットが世界を小さくしたと言っても、子どもたちが日々接しているのは地元に根を張ったしっかりした大人たちです。

そんな中、まったく違う生き方をしている、15歳になるまで見たことのないタイプの大人が突如、目の前に現われ、未知との遭遇をすること。それは価値のある経験だと信じています。

こんなぶっ飛んだ人がいて、しかも校長先生なの? と。

その驚きを後押しするために、僕は夏の全校朝礼でDJになる回を設けています。

名付けて「柳高ミュージックステーション」。

6月の体育祭が終わると、その盛り上がりで子どもたちが一致団結します。そこで体育祭の翌週を狙ってやっています。

全校朝礼は体育館に全員が集まって行なうのがスタンダードですが、「柳高ミュージックステーション」の日は全員、各クラスで。僕は放送室から「グッドモーニング、柳高。今日も最高の朝ですね」とFMラジオのトーンで放送を始めます。

たとえ、外がめっちゃ雨降りでも「雨、最高」と切り出して、「1年生は知らないと思うから説明するね。今日は年に1度の柳高ミュージックステーションの日だ。この時間は、絶校長からみんなに言葉ではなくて、音楽を通してメッセージを発信するよ」と。

「年に1度の柳高ミュージックステーションーッ。絶校長が選ぶ今年の1曲は……」

数ある名曲から1曲選び、アーティストのつくる言葉のメッセージを伝えていきます。ある年は平昌《ピョンチャン》オリンピック・パラリンピックのNHK放送テーマ曲にもなったSEKAI NO OWARIの「サザンカ」を流したこともありましたし、誰も知らないストリートミュージシャンから音源を直接借りてきて放送したこともあります。

そして、「柳高ミュージックステーション」の日は「今年の1曲は」という前振りの後、曲を流しておしまいです。

僕からの曲の解説や感想は話しません。それは1人ひとりが受け取って、感じてもらえればいいもの。周りにはいないタイプのヘンな大人が選んだ曲を聴いて、不思議な朝礼だなーと思ってもらえればそれでOKです。

☑ 絶校長と熱い男・松岡修造くん

全校朝礼をやり続けてきて、改めて強く感じていることがあります。
それは……

「言葉は人の心で生きる、言葉は人を変える、言葉は組織を変える」

ということ。
だから、ポジティブなメッセージを発信し続けていく。眉をひそめる大人がいても気にせず、明るく、元気に話していく。そして、僕が絶校長として人前に立つとき、いつも頭の片隅で思い浮かべているのが、松岡修造くんの存在です。

僕はテニスを通じて、小さい頃から彼といっしょでした。とても強いプレイヤーであり、テニス仲間であり、現役引退後はテレビ界で愛され、人を惹《ひ》きつけ、引っ張る力を見せてくれています。

仕事観、人と話すときの所作、言葉の選び方、本当に多くのことを学ばせてもらい、強い影響を受けて、絶校長・古賀賢があります。

僕が全校朝礼で話すのが大好きな人間であることは、松岡修造くんも知っています。

あるとき、「報道ステーション」という番組で、修造くんがカナダからスケーターの羽《は》生結弦《にゅうゆづる》選手のことをリポートしていました。

その日のニュースは羽生選手が練習中に怪我をして、出血。翌日の試合を棄権するのではないかという観測がある中、本人は出場する決意を固めたというもの。その一連の現場に修造くんがいて、現場からリポートしていたわけです。

僕は羽生選手の決断に感動して、その話を全校朝礼でしようと考えました。

ただそこに、少しだけでいいので現場にいた修造くんのコメントを入れたい。そう思って「修造くん、ごめん。明日僕の大好きな全校朝礼で、血を流してもこれから戦うと決めた羽生結弦さんのことについて、一言でいいからコメントちょうだい」とメールしました。

でも、カナダとの間には時差もあります。修造くんはもちろん忙しい。こんな直前に連絡しても返信はないかも……と思っていたら、朝礼の始まる直前にメールが届きました。

「羽生結弦とは……」という書き出しで始まる熱のこもった文章は、まさに多くの人がイメージする〝松岡修造〟という人そのもの。こちらの思いを受け止めてくれて、それに対して1つ1つ丁寧に、返してくれる。書く言葉でも熱く語る。このメールをもらって、その日の朝礼で話す内容はガラリと変わってしまいました。

羽生結弦選手の決断ではなく、松岡修造という人の仕事っぷりを熱く語りました。

なぜ、多くの人が惹きつけられるのか。

その秘密は、人の思いに対する応え方にあるんだ、と。

「僕が全校朝礼で羽生結弦選手の決断について話したいんだ、間近で見ていた松岡くんがどう感じたかを教えて欲しい、と連絡したら、忙しい中、熱い長文のメッセージを返してくれました。

そのメッセージを読んで、僕は今日みんなに話す内容を変えました。どんなときも1人ひとりの思いに全力で向き合うこと。松岡修造という人がプロテニスプレイヤーを引退後も活躍を続けているのは、そういう生き方をしているからです。人の思いに全力で応え、熱く自分の言葉で語ること。僕も改めて、そうありたいと思いました」

1人のプレイヤーとしてテニス界を盛り上げようとしていた彼は、今やその枠を超えて日本中に夢や希望を届ける存在になっています。

僕も柳川高校からスタートを切り、学校改革、意識改革を進め、その新しい学校像を存分に外の世界に広げていきたい。学校ってこうだよね……という残念なステレオタイプを打ち破っていきたい。

そういう発想を持てるようになったのは、彼の影響です。

絶校長からのアドバイス

14 自分のモノサシを変えたい人へ

自分を変えたい、成長させたいと思っている人にオススメしたいのが、ロールモデルを持つこと。「あんなふうになりたい」という人を自分のロールモデルとすることで、変化と成長のきっかけをつかむことができます。

☑ ニューヨークのマンハッタン、タイムズスクエアから始業式

２０２１年の9月、テニスのUSオープン・ジュニアの日本代表の団長として渡米したタイミングがちょうど、柳川高校の2学期の始業式と重なりました。

そこで、僕は絶校長らしい仕掛けを思いつき、ニューヨークのマンハッタン、タイムズスクエアへ。時差の関係でニューヨークは夜。世界一と言われるタイムズスクエアのネオンが光り輝く中で、柳川高校へライブ中継で、始業式の挨拶をしたのです。

僕の若い頃、マンハッタンからライブ中継をするとなったら何億円もかかるプロジェクトで、全国ネットのテレビ局にしかできない芸当でした。

それが今は、スマホ一台でできてしまう。

僕と同世代の教職員は「すごい時代だ！」と興奮していましたが、聞いている子どもたちがワクワクしていたポイントとはズレています。

デジタルネイティブである彼らにとって、オンラインでつながるのは当たり前。ただ、つながった先がネオン輝くタイムズスクエアの前で、そこによく知っている絶校長が立っ

ていることにワクワクしていました。

いつも学校にいるあの人が、自分たちのまだ行ったことのない場所から自分たちに向けてメッセージを発している。子どもたちにとって驚きだったのは、手軽につながるすごさではなく、身近でリアルな存在が遠い場所にいること。そこから、自分たちだけに向けた発信をしてくれたことでした。

テクノロジーが僕らの世代の若い頃には考えられなかった環境を用意してくれたことで、今後はますます1人ひとりの伝える力が大切になっていくのです。


絶校長として発信を続けていると、他の学校の先生たちから「自分たちはどんなことをやっていったら、いいんですかねぇ?」と聞かれることがあります。

自分たちは半袖Tシャツに短パンで毎朝、生徒たちを出迎えるのも難しいし、DJパフォーマンスもできないし、派手に動くと職員室で浮いた存在になってしまいます、と。

たしかに、公立高校の先生がタイムズスクエアから生徒たちに語りかけるのは、ハードルが高いかもしれません。でも、やろうと思えばできないことはないですよね、とも思います。

僕がこういう質問を受けたとき、必ず話すのはこんなことです。

「先生が自分の夢を語るところから、始めましょう。それがすごく大切です」

これを聞くと、たいていの先生は「え?」という顔をされます。

夢ってなんだったっけ? と戸惑われている人、半分。人前で夢を語るのは恥ずかしいなという人、半分という感じなのだと思います。

☑ 身近にいる大人である先生から夢をがんがん語っていこう

幼い頃は、それぞれに夢を語っていたはずの子どもたちは小学校、中学校と進むうち、人には言わず胸に秘めるようになっていきます。もちろん、それが悪いわけではありません。でも、**夢は人に話して、周りを巻き込んでいったほうが実現しやすくなります。**

だから、まずは身近にいる大人である先生から夢をがんがん語っていきましょう。がんがん語ることで起きた変化についても、どんどん話しましょう。

僕も悩みに悩んで今のスタイルになりました。

教職員から「校長、それはちょっと」と言われたことは何度もあります。保護者の方々からのクレームももちろんありました。教育委員会の人から嫌みを言われることもありました。

それでも、学校に変化を起こすことができたのは、子どもたちに夢を語り続けたからです。

夢を語って、こちらが行動していくうち、子どもたちの表情が変わります。自分たちもできるかも……と動き始めます。そうすると、次に保護者の皆さんが応援団になってくれます。懐疑的だった教職員も、子どもたちがうれしそうだと協力者になってくれます。

絶校長のスタイルそのものを再現するのは難しいかもしれませんが、夢を語ることを起点にして起きる変化には再現性があります。

大人は子どもに夢を語るところから始めましょう。そこにタイムズスクエアのような舞台装置が加われば、伝える力が増していきます。でも、それは本質ではありません。僕たちが自分の言葉で語る「夢」にこそ、意味があるのです。

僕は本気で世界一の学校をつくろうと思っています。だから、その夢に向けて行動する過程で起きる1つ1つの出来事、世界を渡り歩いていくときのエピソードをどんどん子どもたちに話します。

全校朝礼、全校生徒の誰一人も下を向かずに聞いてくれます。夢と期待いっぱいの目でこっちを観てくれます。

生徒たちが話を聞かないとき、大きな声を出して「こっち向け」と言っている先生がいますが、それは捉え方が違います。話を聞かないのは大人側の責任です。子どもたちは大きな夢の話が大好きなのですから。

たしかに柳川高校の校風は変わりました。

誰も見たことのない世界(教育)を創り上げるには、「人は変われる! 僕たちは世界一になる! 君ならできる!」と言い続けられる絶校長のような存在が必要です。

誰も見たことのない教育を計画し、実践していくには、超ド・ポジティブなマインドが求められます。でも、本当の僕、古賀賢はそんなにポジティブな人間ではありません。

次の章では、絶校長になるまでの自分について、少し振り返らせてもらおうと思います。

第3章

失敗こそ宝

古賀賢の
熱血は
こうして生まれた

古賀家にテニスを「始める、始めない」の選択肢はなかった

テニスで日本一になること。

小中高の日々を振り返ると、その目標を軸とした記憶ばかりが思い出されます。

そもそも僕の人生で最初の記憶は、父と母とテニスのラケットとボールで遊んでいる場面。テニスを「始める、始めない」の選択肢はなく、物心ついたときから練習をし、試合に出ていました。

家に残っている小さな頃の写真と言えば、ほとんどがテニスコートにいるところ。オムツをしたままラケットを握って、ボールで遊んでいる姿を写した写真もあるくらいです。

僕の父は、柳川高校テニス部の監督（のちに総監督）として全国高等学校総合体育大会（インターハイ）団体14連覇を達成し、福井烈さん、松岡修造くんらトッププロを育て、柳川高校をテニスと野球の二本柱でスポーツの強豪校にしていきました。

インターハイの初優勝は、創部からわずか5年目の１９６７年。

その原動力となったのは、猛練習でした。休みは正月だけ。朝練と午後の練習の他に夜

練習があり、終わるのは22時か23時、時には深夜3時に及んだこともあったとか。今では許されない指導だったと思います。

また、「振り回し」という、テニス選手にはおなじみの練習も父は早くから取り入れていました。振り回しは野球で言えば千本ノックのようなもので、矢継ぎ早にボールを送り、選手をコートの端から端へと走らせます。

僕も小中高と経験しましたが、どんなに鍛えていても振り回しが続くと、息が上がり、足がもつれ、コートにはいつくばることになります。でも、父はそうなった選手を「起きろ、ここからが本当の練習だ」と叱責し、鍛えていったのです。

僕から見た父は本当に一本気な人で、海外遠征から帰ってきたときのやりとりをよく覚えています。

あるときは、「外国の強い選手は毎日サラダを食っている」と言って、その日からずっとサラダを食べさせられたり、またあるときは「外国の強い選手は牛乳を飲んでいる」と牛乳を毎日3リットル飲まされたり……。最終的には「羊のミルクを飲むと強くなる」と言い出し、庭で羊を飼おうとまでしていましたから、父が海外遠征から帰ってきた後は

「今度は何を言い出すのだろう」とドキドキしていたものです。

とはいえ、息子のことをかわいく思ってくれていたのは、しっかりと伝わってきていました。ただ愛情の表現の仕方がちょっと変わっていて……。

ジュニアの日本代表チームの監督としてアメリカに行った後、小学生の僕に「お土産を買ってきたぞ！」とニコニコ顔で渡してくれたのは、宇宙服でした。

「NASAに寄ることができたから、賢にいいなと思って買ってきたんだ。おまえ、これを着て学校に行け」

でも、銀色のピカピカした宇宙服です。小学生とはいえ、恥ずかしい。

「イヤだよ」

「なんでだ？　おまえはなんで人と同じ格好がしたいんだ？　これからは人と違う発想を持たなきゃいけない。そのためにも人と違う格好をすることが大事なんだ」

母が取りなしてくれて、なんとか宇宙服は着ていかずにすんだのですが、翌年のアメリカ遠征のお土産は、カウボーイハットとエルヴィス・プレスリーが着ているような革ジャンでした。

当然、翌日は「賢、これを着て学校に行け！」です。人と同じことをするのを嫌う。そんな父でした。

☑ おふくろがいなければ、僕らはどうなっていたか

一方、母は本当に仏様みたいな人でした。

僕ら兄弟は口を揃えて、「おふくろがいなければ、僕らはどうなっていたかな……」と言っています。思ったらその通りやらなければ気が済まない父に振り回されながら、それでも母が心の拠《よ》り所になってくれたから、僕らは思春期を乗り切ることができました。

よく覚えているのは夕方のこんなシーンです。

当時、僕らが住んでいた家は門から母屋までの間が短い砂利道になっていました。だから、父が仕事から車で帰ってくると、ジャリジャリジャリと車のタイヤが砂利を踏む音で

わかります。

子どもの頃の僕らは、テレビを見るのが原則禁止、父が許したのはNHKだけでした。でも、子どもだからアニメや歌番組を見たい。父が留守の間、おふくろはいっしょに歌番組を見て楽しんでくれる人でした。

そこに車が砂利道を走る音が聞こえたら、僕らはテレビを消して、宿題を始めたり、本を読み始めたり、わかりやすい偽装工作をするわけです。そのとき、おふくろはというと、玄関先まで父を迎えに出て、僕らが気持ちを落ち着ける時間をつくってくれます。

もちろん、テレビを見ていたことは、父に内緒にしてくれました。


僕らは母から、父の仕事ぶり、スポーツの強豪校へと柳川高校を押し上げていくエネルギーへの尊敬の念を強く感じていました。子ども心には父の怖さが大きかったですが、成長するにつれて、物事への真剣な取り組み方、こうと決めたら実現してしまう行動力を「すごいな」と感じるようになっていったのです。

また、父にはロマンティストな一面もあって、ふとしたときに見せるやさしさにグッとくることが何度もありました。

あるとき、アメリカの遠征先からテニスを始めたばかりの僕に絵はがきが届いたことがあります。

「賢ちゃんも、いずれいっしょにアメリカに行こうね」

短いメッセージでしたが、それだけでテニスに向かうモチベーションが高まっていきました。人を惹きつける魅力、どういうタイミングで、どういう言葉をかけると、相手の心が動くかということをよくわかっている人でした。

絶校長からのアドバイス

15 自分のモノサシを変えたい人へ

僕の場合は父でしたが、身近に突拍子もない行動を起こしてくれる人がいるのはラッキーです。世間の常識に囚《とら》われない人たちに影響を受けると、こちらの「当たり前」の枠も広がっていきます。

「あの人は変わり者」、周囲にそんな評判の人がいたら一度、じっくり付き合ってみる。あなたの常識に小さな風穴を開けてくれるかもしれません。

☑ 賢、英国にウィンブルドンを見に行かないか

小中高と僕の学生生活は、テニス一色でした。

日本一になるための生活です。

父は校長に就任するとき、田舎の学校である柳川高校を在校生、卒業生、教職員が誇れる母校にするため、何かの分野で日本一になる！と決めていました。

その具体策としてテニス部を創部。そんな父の息子ですから、僕は生まれたときから自然とテニスをやる環境で育てられました。そして、物心ついた頃には周りに日本一を目指すテニス部員の仲間がいて、毎朝6時からの朝練に付き合ってくれる父がいて、当たり前にテニスに打ち込む日々でした。

だから、メディアの取材などで「古賀校長はどんな子ども時代を過ごしましたか？」と聞かれても、思い浮かぶのはテニスをしているところ、体力づくりのために通わされていた水泳のプールくらい。グローバルな教育を受けていたわけでもないし、とにかくテニス、テニスの毎日です。

その成果で、中学生になってからは全国中学生テニス選手権大会のシングルスを制し、プロ選手を夢見ていました。また、松岡修造くんや他のプレイヤーといっしょに日本代表としてアメリカへ遠征に行った経験もあります。

そんなテニスに明け暮れる中学時代を終え、高校1年になった夏。父が僕にこう言ったのです。

「賢、英国にウィンブルドンを見に行かないか」

テニス四大大会最高峰。断る理由なんかありません。

僕は「最高の夏休みになるぜ！」と興奮しながら渡英しました。たどり着いたウィンブルドンのセンターコート。当時、世界ナンバーワンを競い合っていたジョン・マッケンローやジミー・コナーズ、ビヨン・ボルグら有名選手たちが躍動する姿を、目の前で見ることができました。

言葉にならない感動と興奮。僕がその余韻に浸《ひた》っていたら、父はとんでもないことを言い出します。

「賢。このままパブリックスクールの編入試験を受けろ」

NASA土産の宇宙服を学校に着ていけ！と言ったときと変わらぬトーンでそう告げると、自分はさっさと帰国していきました。

☑ 置き去りにされた15歳。パブリックスクールへ

夏休み、ウィンブルドンにテニスを見に来たはずが、だまし討ちのような形で僕の人生に大きな分岐点がやってきました。

面接や編入のお膳立てはすでに整えられていて、まずは保護者代わりの日本人の方のところに滞在。父から渡されたのは辞書1冊だけで、「これでがんばれ」と。それが和英辞典と英和辞典が1冊になっている辞書だったのを覚えています。

当時、その時点での英語力は中学英語レベルの読み書きこそできたものの、英会話力はほぼゼロ。そんな状態で、僕はロンドンにあるパブリックスクールのダルウィッチ高校に

入学することになります。完全な寮生活。最初の１年間は辞書を片手に指差し会話で英語を覚えていったのです。

つらかったのは、高校に日本人は僕１人だったこと。言葉の壁よりも人種差別に苦しめられました。

僕は自分の中に留学をしたいとか、海外で英語を学びたいといった動機があったわけではありません。あるのはテニスという武器くらいで、由緒正しい英国人、エリート意識、階級意識を持った人たちが世界から集まってくる学校に入ってしまったわけです。

そのパブリックスクールは幼稚園から高校までの一貫教育でしたが、小さい子どもほどストレートに差別をしてきました。

学校のキャンパスを歩いていたら、小学生が水たまりの水を蹴って僕にかけようとしてきたり、指を差して笑われたり、生卵をぶつけられたこともあったり……。その他、同級生や上級生からの無視や陰口は日常茶飯事でした。

もちろん今と昔はだいぶ変わっていますが、英国人のアジアに対する蔑視は非常にひどかった。それがなぜかと言えば、１９８０年代前半当時の英国は大英帝国時代の栄光を引きずった教育をやっていたからです。

僕の周りでは「ジャップ」「ジャップ」という言葉が飛び交っていましたし、英語が下手で馬鹿にされるだけでなく、日本人だということそのもので疎外対象にされていました。街中でもアジア人を見下す人が多く、僕は周りにうまく馴染《なじ》めず、気づいたら近くの公園で1人ブランコを漕《こ》いでいたなんてこともよくありました。

完全なホームシックです。

「さびしい」とは書きませんでしたが、母への手紙の文字を涙でぬれたようにわざとにじませたこともあります。

今と違ってインターネットもありません。国際電話は学生が気軽に使えるものではなく、自分のつらさ、しんどさを伝える手段は手紙しかなかったのです。でも、そこは高校生男子。ストレートにさびしいとは書けず、気づいてくれないかな……と、そんな細工をしていたわけです。

正直、父のことを恨んだ時期もありました。

こんな厳しい世界に置いてきぼりにされた、と。昭和の子育て的に「ライオンは子どもを崖から突き落とし、這《は》い上がってきた子だけを育てる」を実践されたわけですが、今では感謝の気持ちしかありません。

外国人として海外で生活することの大変さ。国に属する安心感がない暮らしの孤独。だからこそ、腹を括《くく》って自分を主張すること、失敗を恐れずに行動すること、誰もやったことのないことにチャレンジしていくこと、大きな声ではっきりと伝えること、ポジティブな表現を心がけること……を覚えていきました。

パブリックスクールを卒業した後は、国立ロンドン大学に進みましたが、こうした感情を抱きながらの英国での生活の経験が「絶校長」をつくり上げていく土台になったのは、間違いありません。

絶校長からのアドバイス

16 自分のモノサシを変えたい人へ

僕は突然まったく異なる環境に放り込まれ、学業も生活も人間関係も、すべてに孤独を感じました。しかし、同じ会社に勤めていても、同じ場所で暮らし続けていても、孤独を感じることはあります。

なぜなら、人は自分にとってまったく新しいことを学び始めたとき、必ず孤独になるからです。暗中模索しながら新しい学び、新しい経験を積み上げていく。その道は

1人で歩むもの。ただ、その孤独の先には、必ず真新しい世界が待っています。

日本の多くの学校では令和になった今も過剰なサービスが行なわれている

パブリックスクールの生活に馴染んでいく突破口になったのは、テニスでした。

『ハリー・ポッター』で描かれている世界観と同じく、英国のパブリックスクールは寮生たちがチームに分かれ、勉強やスポーツで得点を重ねながら、各チームが競い合う仕組みになっています。

スポーツでの得点は、学校行事として行なわれるラグビー、サッカー、クリケットなどの大会に各チームから有志の学生が参加し、上位に入ると加算されます。春にはテニスの大会があり、僕は選手として出場しました。

曲がりなりにも日本の大会でチャンピオンになった腕前です。英国に渡ってからも、放課後に現地のテニスクラブで練習を続けていました。

学内の大会で負けるわけがありません。

勝ち続けていくうち、「あいつ、強いぞ」と噂になり、徐々に自分の学内でのポジションができあがっていったのを覚えています。

ただし、テニスの大会があったのは春です。入学は9月ですから、そこまでの半年はきつかった。1年目の秋冬は慣れないラグビーを選択して大会にも出ましたが、活躍できず。英会話の能力は先ほど書いた通りですから、どうやったらパブリックスクールというコミュニティの中で、自分が生きていけるのか。日本では悩むことのなかった、仲間と立ち位置のつくり方について、いろいろと考えさせられる時間でした。

それがテニスの大会後は友だちもできて、初めての夏休みがやってきて、9月には下級生が入ってきて、となった頃、急激に英語が話せるようになってきたのです。友だちができたことで、一気にコミュニケーションの量が増えたからでしょう。

そこで、改めて気がついたのが日本と英国の学校の違いでした。

日本では先生たちが生徒のためにいろいろと先回りをして、勉強に遅れないよう、学校行事がスムーズに進むよう、生徒間にもめ事が発生しないよう、就職や進学がうまくいくよう、時にはマン・ツー・マンでお膳立てをしてくれます。

これは一見、いいことのように思えるかもしれません。

しかし、外から日本を見て冷静に考えてみると、明らかにサービスが過剰です。

小中高と、そんなふうに手取り足取りお膳立てをしてもらい、破ってはいけないルールが校則という形で明示されている環境で学んでいくと、子どもたちは主体性を育むことができません。

ところが、日本の多くの学校では令和になった今も変わらず、過剰なサービスが行なわれています。

その点、英国のパブリックスクールはいい意味で放任主義でした。

先生は基本的に、こんなスタンスで生徒に接します。

「自分から何かやりたいことがあってここに来たのでしょう。だったら自分から主張してきなさい」

自分の存在をアピールし、自ら動かなければ学びも経験も増えていきません。これは他の欧米諸国でも同じでした。

１人ひとりが主体性を発揮し、自律して初めて、コミュニティの中に自分の居場所をつくり出すことができる。僕はパブリックスクールで、生きる術《すべ》、人を説得し、巻き込んでいくスキルを学びました。

絶校長からのアドバイス

17 自分のモノサシを変えたい人へ

言いたいことをグッと堪《こら》えてしまう。空気を読んで本音を飲み込んでしまう。同調圧力の強い日本では、誰もがそんな経験をし、次第に愛想笑いがうまくなっていきます。

環境に合わせた処世術は大切です。何もかも自分を主張しようとは言いません。でも、あなたが自分の現状にモヤモヤを感じているなら、まずはそのモヤモヤを言葉にして、主張しましょう。最初は言葉が拙《つたな》く、周囲の人とぶつかり合うこともあるかもしれません。それでも、自らの意思をはっきり示すことには意味があります。

☑ 欧州を転戦。次はどこの国にチャレンジすれば、勝てるだろう？

英国での暮らしが2年目に入る頃から、僕は欧州で開催されるテニスのプロの大会に出場するため、各地域で開催されるローカルな試合に出場していました。

ウィンブルドンを1つの頂点とすると、そこにつながっていく大小さまざまな規模のプロの大会があり、僕が転戦していたのは、それらのプロの大会に出場するための予備・予選的な意味合いを持つ試合です。

ただ欧州のプレイ人口は日本とは比べものにならないくらい多く、フランス、イタリアといったアクセスも施設の環境面も整っている国には小さな大会であっても強い選手が集まり、なかなか勝つことができませんでした。

もちろん、自分より強い相手と試合をすることで経験値は増しますし、負けたとしてもプレイする意味があります。

ただ、17歳の僕を含め、各プレイヤーがこうしたローカルの試合に出場する目的は、試合に勝って世界ランキングのポイントを貯め、より規模の大きなプロの大会への出場資格を取ることです。

上を目指すには、自分の現時点の技量で勝てる見込みのある大会を探し、エントリーする必要があったのです。

とはいえ、当時はまだ東西冷戦の時代。ドイツはベルリンの壁で西ドイツと東ドイツに分断されていて、欧州全体もまた比較的情報が入手しやすい西側諸国と、日本人にとってほぼなじみのない東側諸国に分かれていました。

僕はヨーロッパレールパスという欧州の鉄道が乗り放題になるチケットを買い、休みのたびに各地を転戦。最初は英国から近いフランス、ベルギー、イタリア、西ドイツなどのローカルな大会に出ていたのですが、太刀打ちできない。

そこでなんとか勝ってポイントを貯めるため、他の国の選手から聞き込みをしていきました。すると、オーストリアがいい、と。

オーストリアは欧州を西と東に分ける「鉄のカーテン」と呼ばれた国境に接していて、隣国ハンガリーは東側諸国の一角でした。日本人の僕からすると、音楽の授業で国名を聞いたことがあるな……くらいの未知の国。

それでもポイント欲しさに大会へエントリーし、列車を乗り継いで移動しました。

プロの選手には主催者側が宿泊先のホテルを手配してくれます。でも、僕ら予備・予選組は別。各地域のテニス協会に協力している家庭にお邪魔してのホームステイです。

僕がオーストリアで紹介されたのは、試合会場から車で1時間半ほど離れた山の麓《ふもと》のホストファミリーでした。建物は、『アルプスの少女ハイジ』に出てくる、アルムおんじのお家のようなログハウス。そこに振り分けられたのは、香港《ホンコン》から来た選手と僕だけで、これもまたアジア人差別かな？と思いながらお世話になりました。

試合の朝は4時くらいに牛の「モー」という鳴き声で目覚め、朝食に食べた牛乳とチーズのおいしさが印象に残っています。ちなみに、そのオーストリアのローカルな大会でも欧州の選手層の厚さを実感することになりました。

次はどこの国にチャレンジすれば勝てるだろう？　出場した選手に話を聞き、レベルの合いそうな大会を探す。そんなふうに17歳の僕は1人で自由に、でも質素な転戦をくり返していたのです。

☑ルーマニアの田舎町でパスポートから何から盗まれ、無一文に

事件が起きたのは、夏のルーマニアでした。

オーストリアの大会の後、「ルーマニアはけっこういいらしい」と聞いた僕は、1週間後にローカルの大会があると知り、そのまま列車に乗ってハンガリーからさらに東に向かいました。

当時のルーマニアはニコラエ・チャウシェスク大統領による独裁政権。入国審査は厳しいと言われていましたが、日本のパスポートのおかげか、空路ではない入国だったからか、スムーズに国境を越えることができました。

しかし、東側諸国に入った途端、空気が違う。どことなく暗い雰囲気の首都ブカレストの中央駅に降り立ち、大会が行なわれる郊外の会場近くの駅に向かう鉄道に乗り換えます。

プロの大きな大会はどの国でも首都や第二、第三の都市で開催されますが、予備・予選的な位置づけの大会は田舎町が会場になっていることがほとんど。僕はバックパックとラケットケースだけの軽装で、2時間ほど先の目的地に向かっていました。

乗客も少なく、窓の外は山間《やまあい》ののどかな風景。移動疲れと鉄道特有の揺れもあって眠くなり、ウトウト。ハッと目が覚めたら、荷物がなにもありません！

一応、危ないと思って足の間に挟んでいたバックパックとラケットケースが消え、残っているのは自分の体だけ。お金もパスポートもなにもかも、盗まれてしまったのです。海外で、それも初めて足を踏み入れた東側諸国のルーマニアで、一文無し。身分証明書もなく、着の身着のままの古賀賢、17歳です。

今のようにスマホもGoogle Mapもありません。途方に暮れた僕は、地方駅の近くの野原で一夜を明かしてブカレストに戻ることに決めました。

「もうクヨクヨしていても、しょうがない。ブカレストに……首都に戻れば、日本食のレストランの1軒や2軒あるだろう」

英国を中心に欧州を回っていて、どこの国、どこの都市に行っても日本食レストランに行くと、現地でがんばっている日本人がいて、同じ国から来た10代にやさしく接してくれるのを痛感していたからです。

でも、本当に無一文で乗車賃がありません。

僕は朝から駅前で「お金をください」「財布を盗まれました」「ブカレストまで戻りたいので助けてください」と、行き交う人にお願いし続けたのです。しかし、当時のルーマニアは国全体が貧しく、やさしい人が哀れんでパンをくれることはあっても、お金をくれる人は現われません。

諦めそうになった昼下がり、1人の男性が「僕もこれからブカレストに行くから、いっしょに行こう」と、僕の分のチケットも買ってくれたのです。親切な人にお世話になり、なんとか首都に戻ったものの、僕の頭からは領事館や大使館といった公的機関に助けを求めるという発想がすっぽり抜け落ちていました。

駅から繁華街に向かって歩き、日本食レストランを探します。

1軒目のお店は中国系の人が経営していて、まったく相手にしてもらえず、2軒目もルーマニア人経営のお店で言葉が通じず、日も暮れて焦りながらたどり着いたのが3軒目のお店。そこは日本人の料理人の方が切り盛りしていて、事情を話したら恐縮するくらい懸命に助けてくれました。

「腹減っているだろう?」と和食を食べさせてくれて、「泊まるところがないならうちに来ればいいよ」と住まわせてくれて、「パスポートの紛失と再発行の手続きの仕方わかる?」と心配して大使館まで付き合ってくれて……。

パスポートが再発行されるまでルーマニアからは出られません。ですから、僕はその日本人の方のところに2週間近くお世話になりました。

英国に戻ってから母に連絡し、お礼の品など贈ってもらいましたが、とにかく本当に感謝しかありません。

この経験はその後、僕が人と接するときの1つの価値基準になっています。**困っている人がいたら、手を差し伸べる。それがどれだけ、相手に勇気を与えるか。**僕はブカレストで、困った側の立場から親切の意味を学ぶことができました。

絶校長からのアドバイス 18 自分のモノサシを変えたい人へ

以前、ある著名な経営者から「若手には仕事で困ったら、『わっと叫べ』と教えている」と聞いたことがあります。社内で「わっ」と叫べば、誰かが「どうした?」と気にしてくれる。その人に相談すれば、困りごとが解消する糸口が見つかるというわけです。

社会は冷たいようで温かい。悪い人もいれば、それ以上にいい人もいます。困ったときは助けを求める。自分1人で抱え込まない。それがピンチを脱するコツです。

「先生、パスポートをなくしちゃいました」「おめでとう！」

このエピソードは絶校長になってから何年かに1回、全校朝礼で僕の失敗体験として話しています。

「世界に出て行くと、とんでもない出来事が起きるよ。駅前の原っぱで夜を明かすのは、オススメできないけど、でも、困ったときに『助けて！』と声を上げたら、必ず手を差し伸べてくれる人がいるから。諦めないで」

以前、柳川高校の修学旅行で子どもたちがハワイに行ったとき、生徒の1人がパスポートをなくした事件がありました。

僕のところに旅行会社の担当者から電話が来て、報告を受け、「本人にちょっと代わってください」と。

電話口に出た生徒は少し泣いているような声色で、「先生、パスポートをなくしちゃいました」と言うから、僕は「おめでとう！」と伝えました。

「でも、大丈夫だよ。君の周りにいる頼れる人たちが全力で手を差し伸べてくれるから。この修学旅行で君以上の経験ができた子はいないかもしれない。学校に帰ってきたら、事の顚末《てんまつ》を教えてね」


パスポートは丈夫な紙でできた小冊子です。

手元にあるときは、それがどれだけ重要な働きをしてくれるものか知識としてわかっても、実感は伴いません。まさにルーマニアに入国したときの僕も同じでした。

日本のパスポートは便利だなーとは思っていましたが、それが手元からなくなって初めて、自分を自分として証明する唯一の証明書だったのだと痛感したのです。

まさに体験したからこそ、学べること。

だから、僕はそのときの生徒に「おめでとう！」と言ったのです。なくしたという失敗によって、大事なことを勉強したね、と。

サンデーチャーチと全校朝礼がつながっている

僕が全校朝礼を学校改革、意識改革の起点にしようと思いついたきっかけは、英国にあります。

パブリックスクールでは、毎週日曜日、サンデーチャーチという催しがありました。寮生は全員参加が原則。教会に行くと、牧師さんが「愛とはなにか？」「人間とは？」「生きるとは？」といったテーマで、いろいろな話をしてくれます。正直、僕の英語力では1年目は何を言っているのかまったくわかりませんでした。

2年目、3年目と徐々に話の内容が理解できるようになっていったわけですが、わかる、わからないとは別に、僕はサンデーチャーチに行くのが大好きでした。

というのも、エネルギッシュに語りかけてくる牧師さんの姿が、異国でふさぎ込みそうになっていく気持ちを立て直してくれたからです。

情熱いっぱいに語ることの大切さ。それが聞き手にもたらす影響力。そして、英語が聞き取れるようになってからは、キーとなるフレーズの力強さ。

それらが合わさって、自分の中にメッセージが刺さったときに動く自分の気持ちの大きさに、発する言葉の重要性を学びました。

今はまだ、この子たちには難しいテーマや表現かもしれない。でも、語りかけることを続けていけば、来年、再来年、あるいは卒業後に、1人ひとりの心の中で言葉の種が芽吹くかもしれない。

それは、柳川高校の創立以来の教育理念である「啐啄同時《そったくどうじ》」に通じます。

「ひな鳥が世の中に誕生する時に鳴き声を発しながら一生懸命、外へ出て行こうと殻の中からつついて割っていこうとする。その絶妙なタイミングで親鳥が外から卵の殻をいっしょに破る。ひな鳥と親が呼吸を合わせて、誕生の瞬間を迎える。

これはまさしく教育そのものだ。人が夢を叶える力を学ぶ時は、早すぎても、遅すぎてもいけない。ここだ、という時に生徒と先生が出会い、学び教え合う。我が校の教育方針は啐啄同時。こうあるべきだ」

僕が絶校長として全校朝礼で壇上に立つとき、ロールモデルとしてサンデーチャーチの牧師さんの姿を思い浮かべています。

当時の僕の英語力では、牧師さんの話の深い内容までは理解できませんでした。それでも心に残っているのは、愛についての説話です。牧師さんが、人を愛することの大切さを心の底から信じているのが伝わってきました。

パブリックスクール時代に僕の心に宿った種は、時を経て校長になったとき、芽吹いたのです。

絶校長からのアドバイス 19 自分のモノサシを変えたい人へ

他の誰かにとってはありふれた出来事が、その人だけには特別な記憶になる。僕にとっては、若い頃に味わったサンデーチャーチが特別な思い出の1つです。あなたにもそんな人生の一時《いっとき》があるのではないでしょうか？

なにか大きな壁にぶつかったときは、その特別な記憶を思い起こしてください。そこに自分なりの打開策のヒントがあるはずです。

進路はプロのテニスプレイヤーか、それとも？

パブリックスクールの卒業が近づく頃、僕は2つの進路を考えていました。

1つはプロテニスプレイヤーへの道です。

18歳、パブリックスクールを卒業するまでは春、夏と休みの期間はずっと欧州や日本の大会に出ていました。それはプロになりたいという思いがあったからです。中学までのテニス漬けの生活とは変わっていましたが、それでも10代の僕の人生の軸足はテニスコートにありました。

そこで、僕は18歳の夏、勝負に出たのです。

ウィンブルドン観戦に息子を連れ出して、そのままロンドンに置いていった父と、賭けをしました。

「夏の全日本のジュニア選手権で優勝したら、僕はスカラーシップを取ってアメリカの大学に行ってプロを目指したい」

「負けたらすっぱり競技としてのテニスはやめる」

日本チャンピオンになれば、アメリカのスポーツ・スカラーシップ（スポーツ留学奨学金）の対象となり、入学金、学費の免除だけではなく、生活費、テニス道具、遠征費などのサポートが得られます。中学時代に個人で優勝していましたから、自分の中に「やれる」という自信はありました。

父も承諾し、全日本ジュニアテニス選手権が始まりました。

ここで負けたらテニス人生が終わるという条件で戦う試合前は、これまでの試合と比べて筋肉の硬直感からして違います。ビリビリした緊張感が全身を包んでいくのがわかりました。

これは部活動を含め、スポーツの大会に真剣に臨んだ人、キャリアをかけた研究発表やプレゼンの場をくぐり抜けた人なら共感してもらえると思います。人は自分で自分を追い込んだとき、勝ちに強く、強くこだわったとき、それまで経験したことのないナーバスな自分と向き合うことになるのです。

そして、その状態で勝負に出て勝てない人は、プロのテニスプレイヤーとしては独り立ちすることができません。

プロになりたいと言葉にするのは簡単です。でも、欧州の小さな大会を転戦し、小中といっしょにプレイしてきた松岡修造くんのようなプレイヤーの力を知っていれば、プロが簡単な世界ではないことが肌感覚としてわかります。

日本一になったと言っても、海外に出たら同世代や下の世代にも上には上がいましたし、小さな大会でも負け続ける。ところが、世界には一足飛びにスターダムに躍り出るモンスターもいる。

練習で積み上げていくことのできる強さは競技者の基本です。でも、実力が伯仲《はくちゅう》しているプレイヤーがコートで激突したとき、勝敗を大きく左右するのは精神状態。つまり、アスリートの強さを支えるのはメンタルなのです。

では、自分はどうか。

プロでやれるメンタルがあるのか。

そう考えて僕は、父と賭けをして自分を追い込みました。

☑ 納得したはずが、こんな自分がイヤだった

結果は、準決勝敗退でした。

今も時々、いくつかのサーブやショットのシーンを昨日のことのように思い返すことがあります。欧州を転戦していた普段の自分を出せれば勝てた試合だったと思います。でも、僕はナーバスな状況の中で普段の自分を出すことができなかった。だとすると、この先、プロの道に進んでも難しいだろう、と。

競技の世界への挑戦について、自分で区切りをつけました。

その日の父はやさしかった。それまで見たことがないような父でした。


「本当によくがんばったな」

涙が出ました。

でも、それからしばらくはイライラと過ごす日々が続きます。テニスのラケットを持たないで飛行機や列車に乗る自分がイヤでしたし、朝起きて体のことを考えないでいい自分もイヤでしたし、ケアせずに好きなものを好きなだけ食べられる食生活ができる自分もイヤでした。

時効だと思って書きますが、やけ酒も飲みました。部屋にラケットがあるのを見るのがつらくて、テニス道具も捨てました。

プロを諦めることを納得したはずなのに、切り替えられない自分がイヤでした。だけど、体はめちゃくちゃ健康です。

練習で追い込むような負荷もかけないし、試合前のプレッシャーを感じることもない。筋肉痛もケガもない。

それでもテニスができないつらさを引きずって、大好きな彼女に振られたような感じです。生まれてからずっとテニスのラケットがそばにあるのが当たり前で、父から日本一になれと教えられ、そういう人生を切り替えるのは簡単ではありません。

でも、心よりも先に、体が元気になり、その元気に引っ張られるように、次のステップに踏み出すことができたのです。

絶校長からのアドバイス

20 自分のモノサシを変えたい人へ

僕はメンタル的につらいとき、その場から逃げられるなら逃げていいと思っています。周りから与えられるストレスに耐え続けることに、大きな意味はないからです。けれども、自分で決めて始めたことをこの先も続けるかどうかの選択時には、自ら退路を断って挑む価値があります。その覚悟をしたか、しなかったかで後悔の度合いが大きく変わるからです。

もしあなたが人生の岐路にあると感じるときがきたら、周りの声に流されず、自分の意思を最優先に進む道を定めてください。

☑ お金を動かすことよりも、人を育てることに未来を感じた

日本での全日本ジュニアテニス選手権を終えた後、僕は英国に戻り、ロンドン大学に進みました。これは自然な流れだったというか、プロの道が断たれた後に他の選択肢はあり

ませんでした。

ロンドンに戻って勉強を続けるのは、僕にとって川の流れに乗るように自然な進路でした。

これを言うと、いろんな人にキョトンとされるのですが、ロンドンでひとり戦っていく中、僕はくり返し、くり返し、美空《みそら》ひばりさんの「川の流れのように」を聞いて自分を鼓舞していました。歌の一節が、テニスをやめた自分を励ましてくれるように感じたからです。

ロンドン大学で専攻したのは政治経済。日本はバブルのまっただ中で、NTTが株式の時価総額で世界一の企業となり、時価総額の世界ランキング・ベスト10の半分以上が日本企業だった時代です。

大学構内には日本人留学生も多く、日本人というだけでもてはやされる空気がありました。そんな時勢の後押しもあり、僕はロンドンの金融街シティのロイズ保険組合に加盟している再保険会社でアルバイトを始めます。

ロイズの起源は17世紀後半、エドワード・ロイドという人物が営んでいたコーヒーハウスで始まった保険取引に遡《さかのぼ》ります。テムズ川に近い店舗は海運業者らの情報交換の場になっていて、資本家と、航海や船舶のリスクを対象とする保険契約が交わされるようになりました。ここで損保市場が発展し、今に至っています。

アルバイトとはいえ、世界の金融街の中心にある、奇抜な外観のロイズビルで働く。それはワクワクする経験で、初めの頃は充実していました。しかし、1年、2年と経つうち、お金と、お金の世界にいることに違和感を覚えるようになります。

これでいいのかな?と思いながら、祖父や父が柳川高校で果たしてきた仕事についてよくよく考えていくと、人を育てることの大切さが見えてきました。

「学校って大切だな、人を育てるってすばらしい仕事だな」と。

父から「帰ってこい」と声がかかったわけではありません。父は元々、文学少年で三島《みしま》由紀夫《ゆきお》をこよなく愛し、本人の部屋は図書館のように本ばかり。ロマンティストで、10代、20代は映画監督を目指していた人です。

しかし、父は祖父から「帰ってこい」と言われ、柳川高校で働くことになったのです。その経験があるから、僕には「自分はそれで帰ってこなきゃいけなかったから、おまえは自分の好きなようにやれ」と言ってくれていました。

でも僕は、お金を動かすことよりも、人を育てることに未来を感じて、柳川高校に戻ることに夢を感じたのです。幸い英国での生活を通じて、日本とは異なる教育のあり方、文化、スポーツに触れ、まだぼんやりとしたものでしたが、自分なりの理想の学校教育のイメージを抱くことができました。新たな「夢」と、新たな「なりたい自分」が生まれました。

それを胸に柳川高校で仕事がしたい。そう思い、27歳で帰国したのです。

☑ 教育は形から入っていくものなのか、心からいくものなのか？

最初は国際科の科長として、子どもたちにグローバルというものを感じてもらおうと動き始めました。

「外国人として生きることの難しさが骨の髄まで染みた。多様な国の友人と学ぶことは、日本人の生徒にとっても国際社会で働く時代に必ずプラスになる」

方針を掲げても、当然、夢と現実の狭間で壁にぶち当たります。学校の経営状態も厳しい状況でした。自分の描いている学校教育のイメージは絵空事《えそらごと》なのかもしれないと自信を失うこともありました。

そんなとき、父がかけてくれた言葉が背中を押してくれました。こんなやりとりを覚えています。

「賢、教育は形から入っていくものなのか、心からいくものなのか?」
「日本の学校は伝統的に形から子どもたちをはめ込んでいっている。これを変えたい」
「そうか、自分のやりたいことに自信があるんだったら、心からいけ」

自分の描く理想の学校教育に揺るがない自信が持てるかどうか。

胸を張って持てると言える日もあれば、1人になって考え込んでしまう日もありますが、揺らいでしまうのは人間らしいことだと思っています。

とにかく**「心からいく」**こと。これを中心に置いて、壁にぶち当たったとき、時に乗り越えて、時には迂回して、古賀賢は絶校長になっていったのです。

第4章

生徒が変わる、教育とは？

思考停止を捨てよう。
人は、なりたい自分に
なれるんだ

☑ ゴルバチョフさんに会った日が、学校改革のスタートだった

校長室に、僕が大切にしている1枚の写真があります。それはゴルバチョフさんと握手している写真です。

ミハイル・ゴルバチョフさんはソビエト社会主義共和国連邦の最後の最高指導者で、ペレストロイカ（建て直し）という政策を推し進め、ソ連の政治・経済体制を改革。米ソ東西冷戦を終わらせ、のちにノーベル平和賞を受賞した政治家です。

僕は多感な時代にソ連の変革と崩壊の過程を英国で身近に感じていました。ベルリンの壁が崩壊したときは、2カ月後に現地に行き、壁から崩れた石を持ち帰ったこともあります。

世界を大きく変えたリーダー、ゴルバチョフさんにいつか会ってみたい、ペレストロイカを成し遂げた男と話してみたいと思いながら、大人になりました。

27歳で英国から日本に戻り、柳川高校の国際科の科長をしながら、でも思い描いていたような学校改革には着手できず、しんどい時間が続いている頃のこと。日頃から「ゴルバ

チョフさんに会いたい」と言っていた僕にチャンスがやってきます。
ノーベル平和賞を受賞したゴルバチョフさんが、新聞社主催の式典のために来日。しかも、知り合いの記者を通じて「日本の教育を変えたいと考えている若い教育関係者がいる」と紹介され、お会いできることになったのです。
憧れの人と会えることになり、僕はずっと「あれを聞こう」「これも聞こう」と質問案を準備して当日を迎えました。ところが、いざ、ゴルバチョフさんを前にしたら、そのオーラで何もかも吹き飛んで、全部忘れてしまったのです。
挨拶をして、握手して、僕の口から出たのは、次のひと言だけでした。

「ペレストロイカ、すごいですね」

それでもゴルバチョフさんは笑顔で、なぜペレストロイカが必要だったのかを聞かせてくれました。

「ソ連の未来にとってペレストロイカは絶対に必要でした。だけども問題は、あの当時のソ連では誰も民主主義も、資本主義も経験していませんでした。国民だって、政治家だってみんな誰も経験してない。だから、改革の後は10年くらい大きなうねりやガタつきがあるだろう、と予測できました。それでも未来のソ連を考えたら、ペレストロイカを進めることが大切だったのです」

それだけのやりとりでしたが、僕は圧倒的な存在感とやさしい笑顔から大きなエネルギーをもらいました。うまくいかない学校改革について、「本当に必要だと信じているなら、推し進めなさい」「誰も経験していないことなのだから、時間がかかり、障害があるのは当たり前だよ」とアドバイスを受け、後押ししてもらったような感覚にもなりました。

そして、自分もいつか他の誰かに僕がゴルバチョフさんから受け取ったようなエネルギーを与えられる存在になりたい、と。そう決心した日でもありました。

ゴルバチョフさんに会った日は、ある意味、「絶校長」へのスタートを切った僕の意識改革の始まりの日でもあったのです。

そんな思いを忘れないため、僕は校長室に握手をした瞬間の写真を飾っています。

あれだけの大きな改革を成し遂げたリーダーがはるか遠くの存在ではなく、握手できる

1人の人間として間近にいたこと。これは僕の中の1人の人間が本気になったとき、成し遂げられることの枠を大きく広げてくれました。

絶校長からのアドバイス
21 自分のモノサシを変えたい人へ

会いたいと思える人がいるなら、会えるときに会いに行こう。

憧れの俳優でも、お世話になった先輩でも、ずっと好きだった海外アーティストでも、もう一度話したい恩師でも、とにかく会いたいと思える人がいるなら、行動を起こしたほうがいい。出演する舞台を見に行く、人を介して「会いたい」と伝える、海外公演に足を運ぶ、「迷惑かも……」と遠慮せずに手紙を出す……。

その人に会うための行動を起こすだけでも、いつもとは違う日常が始まるはずです。

☑ 隣に誰を置くかは大切な鍵となる

これは60ページでお伝えしたノミの理論と同じです。

できるか、できないかを分ける大きな要因は、本人の意識にあります。意識が変われば、行動が変化し、行動が変われば、結果が変化していく。僕はゴルバチョフさんに会えたことで、目の前の経営難という問題で「できないかも……」と足踏みしていた学校改革への取り組み方を改めることができました。

何かを成し遂げた人が身近にいると、それだけ周りの人間はポジティブな影響を受けていきます。

例えば、柳川高校にはテニスで日本一になった生徒がいます。

2023年全国選抜高校テニス大会個人戦（男子）で、高校テニス界、約4万2000人の頂点に立ったのは、テニス部の武方駿哉《たけかたしゅんや》選手です。じつは彼、中学時代は全国大会に出ても3回戦で負けてしまうことが多く、持っている実力を出し切れていませんでした。

それでも「日本一になりたい」という強い思いを持って愛媛県から柳川高校に越境入学。寮生活を送りながらテニスに打ち込んでいました。しかし、1年生のときはどの大会でも1回戦、2回戦で敗退。壁にぶつかっていたのです。

そこで僕は、1年前に同じ大会で優勝している先輩といっしょに寮生活を送るようにアドバイスしました。

すると、彼にとってはものすごく遠い憧れの存在だった「日本一」を獲得している先輩とたくさんの時間を過ごすことになります。いっしょに練習し、部屋を掃除し、食事をして、生活の愚痴っぽい話も共有し合う。その間に彼は、「あ、日本一になった先輩も普通の高校生だ」と気づくわけです。

食べ物の好き嫌いもいっぱいあるし、愚痴はこぼすし、練習中にミスもするし、忘れ物もする。完璧な人間しか日本一になれないと思っていたけど、思い込みだった、と。

1年間、隣にいる人が変わったことで考え方が変化していったわけです。

その結果、3年生の春の大会で日本一になった。優勝の報告会を全校生徒の前でしたとき、彼は「日本一になれた要因は?」と聞かれ、「強い意志を持つことだ」と答えていました。

もちろん、柳川高校のテニス部に入部してから優勝するまでの2年間、テニスに打ち込み、プレイヤーとしての実力を高めていったことも結果につながったのだと思います。しかし、それは全国大会上位に入る選手たち、みんなに共通すること。準決勝、決勝の舞台で勝つには、メンタル面のひと伸びが欠かせません。

日本一になった先輩の側《そば》にいたことで刺激を受け、「届かない目標ではない」「次は自分も」と思えたことは必ず彼のプレイに影響を与えています。

絶校長からのアドバイス 22

自分のモノサシを変えたい人へ

ライバルの存在は僕たちを成長させてくれます。ただし、ライバルと自分の力の差を比較しないことが重要です。

「あいつよりも自分は……」と劣等感を持つのは逆効果で、大事なのはライバルをよく観察すること。ライバルは目標に向かってどんな取り組みをしているか、どんな価値観を持って生活しているか。観察したものを生かしながら、自分の日常を見返していく。すると、成長のヒントが得られるはずです。

☑ 人の経験を自分の経験にする

僕が全校朝礼でしつこいくらいに「世界一」「日本一」「世界初」「日本初」を言い続け

ているのは、その言葉が生徒たちの刺激になると信じているからです。

また、テニス部やダンス部など、日本一という結果を出した生徒には積極的に全校生徒の前に出て、その経験や考え方を話してもらっています。絶校長よりも自分に近い存在の同級生の言葉によって、「次は自分も」となってもらえたら大成功。**思い込みのフタが外れたとき、子どもたちは本人も驚くような変化を遂げます。**

ノミにはすごい脚力があるのに、箱に2日間閉じ込めておくと、フタの高さまでしか跳ばなくなる……。これは前にも述べました。

この箱を「教育」や「常識」、「情報」に置き換えると、僕たち大人がよかれと思い、先回りして子どもたちの可能性を奪ってしまっているのかもしれません。また、僕たち大人も、知らず知らずのうちに自分の力の天井にフタをしてしまっているのではないでしょうか。

箱に閉じ込められたことのないノミといっしょにいると、跳べなくなったノミはすぐに自分が本当は跳べることを思い出します。箱のフタの高さなんか関係なく、高く跳ぶ。子どもたちの意識を日本一、世界一に向かわせるのも同じことです。

横に誰を置くのか。

毎朝、明るくハイタッチしてくる絶校長、日本一を経験した同級生、社会に出て日本一、世界一を目指している大人たち。こういった人たちを彼方《かなた》にいる存在ではなく、間近で、真横にいると感じられる環境をつくること。それも学校の大きな役割です。

「自分は跳べるんだ」
「自分はこれだけできるんだ」
「自分はこんなに跳んでいいんだ」
「自分の意見を出していいんだ」
「人と違っていても、全然いいんだ」

僕は高校生活の3年間が、1人ひとりのグレートジャーニーだと思っています。

だから、柳川高校では常に世界を意識できる環境を用意しています。グローバル教育は日本の教育界にとってマストアイテムです。世界で誰も経験していない超少子高齢化に直面している日本の人口は、2048年に9913万人と1億人を割り込み、2060年には8674万人にまで減少すると見込まれています。

今後、日本の国家運営にはイギリスやアメリカのようにいろいろな国々の人の力が必要となってくるはずです。

そんな時代を生き抜く子どもたちにとって、世界は身近でなくてはいけません。そこで、僕たちは2016年にグローバル学園構想を立ち上げたわけです。

フラッグシップとして日本の学校として初めて現地のタイ人学生用の附属中学校を設立。その後、世界13カ所に事務所を設置しました。今後は全校生徒の3分の1が世界から集まる学校にしようと計画しています。

同じクラスに世界各国から集まってきた同級生がいること。このこと1つとってもワクワクする柳川高校の環境は、小中学生時代に備わってしまった箱のフタを取っ払っていきます。

その結果、**生徒たちは大きく変わるのではなく、本来、持っている力に気づいていく**。横にいる誰かの経験を自分のものにしながらグレートジャーニーを続けていくことで意識が変化し、本人が自らの可能性を広げていくのです。

絶校長からのアドバイス 23 自分のモノサシを変えたい人へ

人は生まれときから主体的な生き物です。言葉を話せないうちから、興味のあるものを目で追い、お腹がすいたら泣き、自分の意思を行動に表わします。ところが、小中と義務教育で学ぶうち、主体性を抑えるようになってしまいます。

その抑えを取り払いたいなら、物事を判断するときに「本当は、どうしたい？」と自分に問いかける習慣を取り入れていきましょう。

☑ 一斉に「前にならえ」は、思考停止では？

しかし、日本の教育現場では子どもたちの可能性にフタをするような言葉をよく耳にします。

「おまえはだからダメなんだよー」

「ここはこうしなきゃ失敗するんだよー」
「そのやり方でうまくいったところ見たことないぞ」

現場には、ダメダメなアプローチ、マイナスなトークで、子どもたちに接している大人がたくさんいます。

特にスポーツの指導者の中には、昭和のまま教育観の更新が止まっている人が少なくありません。叱り飛ばさなきゃ「選手はピリッとしない」「精神が強くならない」「そうじゃないと根性を養えない」と。でも、教育は子どもたちに夢を与えるものです。

責めて、叱って、表面上ピリッとさせた先、18歳からも続く人生に何のプラスがあるのでしょうか。

ここで、「人は育てられたようにしか、人を育てることしかできない」と諦めてしまうのは簡単です。

でも、まず大人側が意識を変えていきましょう。

日本の教育は今、言葉の岐路に立っているように思います。

例えば、学校行事での「前にならえ」。

生徒を並ばせて、「気をつけ、前にならえ、休め」は、日本の学校の定番です。しかし、一斉にやみくもにする「前にならえ」は、思考停止ではないでしょうか。

この「前にならえ教育」がずっとあって、子どもたちの意識も大人のそれにならっていってしまう。前の人といっしょでいるのは楽ちんです。けれど、**これからの時代、学校教育は新しいことを築き上げられる人を育てていかなければいけません。**

そのためには、子どもたちが**「自分を信じる力」**を養える学校であることが大切です。

テレビ番組が柳川高校を取材に来てくれたとき、「未成年の主張」というコーナーをやりました。校舎から張り出した屋根の上に立ち、集まった生徒たちが学校生活などで思うそれぞれの主張をするというコーナーです。

そこで、ある女子生徒が前に出て「先生、トイレが古いので、きれいにしてください!」と言うと、他の生徒たちも納得顔で肯《うなず》いていました。僕はとっさに「OK、わかった!」と応え、翌日から改修の準備を開始しました。ちょうど、「宇宙修学旅行」を発表した頃だったので、「トイレを新しくするだけじゃなくて、宇宙にしよう」と。1カ月後には、最新式のトイレ+壁紙が宇宙柄のトイレへのリフォームが完成しました。

また、最近ではドイツからの学生が「学食でラーメンが食べられたら、最高なのに」と言って、これまた生徒たちからの賛同があったので、絶校長はすぐに動きました。

旧知である一風堂《いっぷうどう》のオーナーに相談したところ、番組をちょうど見てくれていて、ぜひ協力したいと言ってくれました。そしてなんと1週間後には世界中に支店を持つ一風堂さんが初めての学食への出店を決めてくれたのです。

本当にラッキーでしたが、こうやって**子どもたちの本気には大人たちも本気で返して、事態が動き出すのを見せていきたい。**

「どうせ、言っても変わらない」

柳川高校を卒業していく子どもたちには、訳知り顔でそんなふうに言う疲れた大人にはなって欲しくありません。

スピード感を伴って自分たちの言ったことが実現していく状況を目の当たりにし、自分たちの持っている可能性を狭めることなく成長していってもらいたい。

僕は柳川高校から1人でも多くのゲーム・チェンジャーを輩出したいと考えています。

ゲーム・チェンジャーとは、革新的な新しいものを生み出せる人。だから、平均的に物事を考えるのではなく、頭の広い子を育てていく。そのためには大人側から意識を変えていく必要があります。

絶校長からのアドバイス 24

自分のモノサシを変えたい人へ

大人になると、そしてキャリアを重ね、周囲からもベテランとして扱われるようになると、どうしても自分を客観視する機会が減っていきます。

「自分は十分にやれている」と感じ、若い頃から蓄積してきたやり方にこだわるようになります。だからこそ、定期的に自分へこんな問いかけをする自問自答の時間をつくることをおすすめしたい。

「子どもの、若手の手本になれているか？」

時代は変わります。僕たち大人がゲーム・チェンジャーであり続けるには、実績の継続と変化への柔軟さの両方が必要です。

校則を生徒に託した

柳川高校では、３年前から生徒会が中心となって校則を生徒たちがつくっています。

子どもたちに校則を託すに当たって、猛反発したのは大人たちでした。昭和から続く現状にまったく合っていないブラック校則は、変われない教育現場の象徴のようなものです。

僕はそれを変えていくのも学校改革の重要なステップだと考え、臨時の職員会議を開きました。

「これから生徒たちに校則を託したいと思う。これはブラック校則が話題になっているからやるのではなくて、学校が変わっていくために必要なステップであり、生徒たちが大きく成長するチャンスだから取り組んでいく。今日はその具体的な手順を話し合っていきたいと思います」

冒頭で僕がそう言うと、職員会議は大荒れ。司会役の教頭は蜂の巣状態になりました。

「そんなことをやったら学校がぶっつぶれる」
「めちゃめちゃな学校になります」
「自由奔放になりすぎて、統制が取れなくなりますよ」

教員からの厳しい声を教頭は「ですね」「ですね」と受け止めて、不安や不満がほとんど出尽くしたところで、僕はこう言いました。

「先生方の学校に対する思いからくる意見はよくわかりました。僕はあえて哲学的な話をしたいと思います。人間の持っている時間って有限ですよね。誰もが自分の残りの時間が少なくなっていく中で生きています。そんななか次にあれをやれ、これをやれと時間を制限され、決められると、それを破って解放されたい、自由になりたいと思います。だけど、いざ解放され、自由になっても、人には時間通りに生きていける本能がありま す。朝、日が昇ったら起きて、朝ご飯を食べて、生活を組み立てていく。

厳しい校則、時代遅れのブラック校則も同じです。自由がない、狭苦しいと思うから、反発し、ここから出ていこうとする。でも、自由に自分たちでルールをつくれるとなったら、子どもたちは自分で自由について考え、柳川高校にちょうどいいルールを組み立ててくれます。僕らはそれを信じて、見守りましょう」

「皆さん、校長室に飾ってあるゴルバチョフさんとの写真を知っていると思います。僕はゴルバチョフさんがペレストロイカをやったのと同じ気持ちで、柳川高校の校則を子どもたちに託そうとしています。ゴルバチョフさんはペレストロイカを実行したら、痛みを伴う変化が生じるとわかっていて踏み出したと言っていました。

僕も同じことを先生方に言います。僕ら昭和に生きてきた人間は校則を子どもたちに託すなんて経験をしたことがありません。実行したら、どうなるかわからない。はっきり言ってすごい髪型にしてくる子が出てくるかもしれない。とんでもない格好で登校する子も現われるかもしれない。

でも、先生。ガタついてもいいじゃないですか。ガタついても1年、1年と進むうち帳《ちょう》尻《じり》が合ってきて、それが柳川高校の校風となっていく。だから、子どもたちが考え、試行錯誤しながらつくっていく校則が必要です。一歩目を踏み出しましょう」

教員全員が納得するまで意見を言い合って、議論を深めていったとしても、スタート地点に「校則は変えたくない」という感情があります。この場合、ソフトランディングまでには途方もない時間がかかります。

だから、校則を生徒に託すことについてはハードランディングで突破しました。

絶校長からのアドバイス 25

自分のモノサシを変えたい人へ

子どもたちを教える立場、若手の成長を促すポジションに立ったとき、人はついつい先回りし、相手にも自分にも効率のいいルートを用意しようとする心理が働きます。そのほうが失敗は少なくなり、マネジメントの負担も減るからです。

しかし、本当に子どもたちや後輩の成長を促すなら、手放し、任せる必要があります。自己決定した分、人は育っていくからです。覚悟を決めて、任せてしまいましょう。

僕らが当たり前に使っている「自由」という言葉は誰が考えた？

その後は生徒会を中心に生徒たちが話し合って、少しずつ校則を変えていっています。例えば、髪型に関するルール。以前は「染めてはいけない」「ツーブロックはダメ」など、細かな取り決めがありました。

でも、今は自由です。

それで学校が荒れたかと言えば、そんなことはまったくありません。金髪にしたい子は金髪に、黒髪がいい子は黒髪に、部活の後、水道でざーっと頭を流したい子は短髪ですし、ダンスで髪の動きを見せたい子は長髪です。それぞれにそうする理由があって、それを校則が邪魔しないだけ。やってみれば、当たり前のことです。

今はメイクについて生徒たちが話し合っています。どういうふうに決まっていくのか。僕たち教員は、生徒会に任せています。僕が子どもたちのためにやれたことは、大人側に「子どもたちを心底信じていこうよ」と伝えることだけでした。

今年の1年生は入学時点から自由な校則になっています。

そこで、入学式ではこんなことを話しました。

「柳川高校は、これからみんなでつくっていく学校です。だから、ちょっとだけ自由について話したいと思います。僕らが当たり前に使っている『自由』という言葉は誰が考えたでしょう?

答えは、みんなが大好きな1万円札の肖像にもなった福澤諭吉さん。

福澤諭吉さんが若い頃にアメリカに渡り、現地の政治、経済、人々の暮らしを見て『これからの日本をどうしようか』と考えたとき、一般人が大統領になれる選挙制度に衝撃を受けて、その根底にある『リバティ』や『フリーダム』という言葉に関心を持ちました。

この言葉から感じる、なんとも言えないワクワクする感覚は何だろう? 日本語で表現するとしたら、どんな言葉になるだろう? と考えたわけです。そして、帰国した後、その感覚を『自由』という言葉で表現しました。

今、僕たちが使っている自由と福澤諭吉さんが持ち帰ったときのワクワクする感覚は一致しているでしょうか?

自由という漢字を書き下すと『自らを由《よし》とする』となります。これは『自分の意志を肯定する』と言い換えてもいいでしょう。でもここにはもう１つ『自らに由《よ》る』『私に原因がある』という意味もあります。

自由には責任が伴います。自分のやりたい放題やればいいという意味で使われる言葉ではありません。自由であるということは、何が起きても、どんな結果になっても、自分に原因があるということ。それを頭に置いて、僕たちは自由な柳川高校をつくっていこう」

こうやって1年、1年、変化を続け、全員が良いと思えるものが定着し、「これが柳川高校だよね」という校風ができあがっていくのだと思います。

なんだ、あいつ。ヘンな踊りをして

あなたは**「社会運動はどうやって起こすか（How to start a movement）」**という動画を見たことがあるでしょうか？

これはTED（Technology Entertainment Design）のカンファレンスで、起業家でミュージシャンでもあるデレク・シヴァーズさんという人が行なったTEDトークの動画です。3

分ほどの短いもので、なおかつユーモラスな内容なので、まだ見たことがない人はぜひ検索してみてください。

僕はこの動画が大好きです。

さて、デレク・シヴァーズさんはトークをしながら会場に集まったお客さんたちに1本のビデオを見せます。そこには音楽フェスを見に芝生の丘に集まった人々の姿があり、突然、1人の若い裸の男性が奇妙なダンスを始めます。

かっこいい踊りではなく、クネクネした不可解な動きです。しばらくの間は、何も起こりません。初めて目にしたとき、動画を見ていた僕はTEDトークの会場の人たちと同じく、ポカンとしてしまいました。

ところが、ここに丘の上からもう1人、別の若者が駆け下りてきて、裸踊りの若者の横で、いっしょになって奇妙なダンスを真似し始めるのです。何が楽しいかわかりませんが、後からやってきた若者はハイテンションで、画面の外にいる自分の友だちにもこっちで踊ろうぜ！と手を振ります。

すると、周囲にいた他のお客さんの中から1人、2人、3人と奇妙なダンスを真似する人が出始め、ある時点から一気に踊りの輪が伝播《でんぱ》していくのです。

踊る人が増えれば増えるほど、最初の集団を遠くで見ていた人も、画面の外から駆け寄ってダンスを始めます。そして、このビデオは最後に画面に映る何十人という人たち全員が踊っているところで終わります。

この出来事に対して、デレク・シヴァーズさんはこう解説します。

「このビデオの最大の教訓は、リーダーシップについて考えさせてくれることです。最初に踊り出した裸の男性には、たしかにムーブメントを起こした功績があります。でも、1人の奇妙なダンサーを集団のリーダーに変えたのは誰だったでしょう？　それは**最初のフォロワー**である若者です」

たしかにフォロワーがいなければ、クネクネと踊っていた裸の若者はずっと周りから「なんだ、あいつ。ヘンな踊りをして」と遠巻きに見られるままで、リーダーにはなれなかったでしょう。

ところが、数十秒後にフォロワーが現われ、1分後には2人、3人と「おもしろいね」と応援する人が寄ってきて、一気に共感の輪が広がっていくわけです。

☑ ファンを増やし、フォロワーにしていく
ファンベースを意識した学校改革

どうして僕がこのTEDトークの動画が大好きかと言うと、個人が、組織が変わっていくときの本質を示していると思うからです。

当てはめるなら、絶校長は奇妙なダンスで最初に踊り出す存在です。

周りからすれば「なんなんあいつ?」と。この奇妙なヤツが1人で踊っているだけでは、「なんだ、あれ?」ですが、フォロワーが現われると、「これは新しいムーブメントなのかも?」となっていく。

ですから、学校改革を進めるのに欠かせないことは**「1人目が派手に動き出すこと」以上に、「2人目以降のフォロワーを大事にすること」です。**

「こっちのほうがおもしろいから、やってみない⁉」

そう言って2人目以降のフォロワーが他の誰かを誘ってくれるから、輪が広がっていく。

ここで1人目の絶校長がいくら「楽しいぞー！」と叫んでも、それだけでは空回りするだけです。

組織でイノベーションが起きたとき、後から評価する人たちはどうしても最初に勇気を出して飛び込んだファーストペンギンを評価します。でも、**本当に大事なのは2人目以降の人が踊ってくれること。それがあってこそ、組織や集団が変わっていくのです。**

柳川高校の学校改革のファーストペンギンになろうと始めた絶校長。でも、学校が変わり、生徒が変わっていったのは、いっしょに踊ってくれた子どもたち、親御さん、教職員がいたからです。

「世界初を打ち出すのはいいな」
「子どもたちに任せる変わり者の校長先生を応援しよう」
「とにかく元気なのが気に入った」

僕はそんなふうにファンを増やし、フォロワーにしていくファンベースを意識して学校改革に取り組んできました。だからこそ、うねりが広がり、生徒1人ひとりが自分で考え、行動する学校になっていったのです。

絶校長からのアドバイス

26 自分のモノサシを変えたい人へ

ここまで絶校長の考えを読んできて、ちょっと抵抗感を覚えている人もいると思います。自分は先頭に立って仲間を引っ張るリーダー役になりたくない。性格的に向いていない。派手なやり方はできる人とできない人がいる。そんなふうに感じても当然です。

僕も「絶校長」というキャラクターがあるからできている部分があります。正直、先頭に立つのは怖いし、しんどい。そんなとき支えになるのが、フォロワーの存在です。

おもしろい、手伝おうか、真似したい。そう言っていち早くフォロワーになってくれる人がいるから、今があります。リーダー役には向いていない。そう思う人は、ファーストペンギンを応援する存在になってください。

先生は先生らしく？ 僕たちは昭和のモノサシを捨てちゃった

柳川高校に入った子どもたちが驚きながら、すぐに変わっていくのが先生との距離感の取り方です。中学生の頃のそれとは違い、遠慮なく話し合える近い距離感になっていきます。

これは生徒たち自身も自覚していることで、よく「校長先生だけじゃなくて、先生たちとの距離が近くなった」という声が聞こえてきます。

こうした変化が起きるのは、僕たちが従来の価値観、昭和のモノサシを捨てちゃったからです。

先生は先生らしくなければならない。

校長は校長らしく威厳がなければいけない。

そんなモノサシにこだわっていると、1人ひとりの魅力的な人柄の半分も伝わらなくなります。こちらから受けた第一印象で生徒が「先生に話してもな……」となってしまったら、経験知的には打ち解けるまでにかかる時間が倍以上になります。

だったら、先生方には昭和のモノサシは捨ててしまって、最初から「この人だったら話したい」という自分を見せていって欲しい。その思いを体現すべく、絶校長は生徒たちと接するとき、こんなやり方をしています。

■挨拶はいつもハイタッチ

僕は、挨拶は順番が大切だと考えています。

最初は大人側からいくこと。朝は「おはよう」、帰りは「さよなら」とこちらから手を出し、ハイタッチを求めていく。**大事なのは、お互いの距離を縮めること。**

「先生方には、立ち止まって、挨拶しなさい！」なんて言い出すと、一気に心理的な距離ができてしまうし、なにより、挨拶するのが面倒で、楽しくなくなります。

「挨拶の順番」とは、何のために挨拶をするかを考えましょうということ。目的は相手との心の距離を縮めることです。

これは父からのアドバイス、自信があるんだったら「心からいけ」の実践でもあります。

だから、出会いの挨拶はハイタッチ！　その後、フォーマル、インフォーマルな挨拶をこちらからしていく。こうして子どもたちに自ら、オンとオフを学んでもらいます。

■生徒からの連絡はＤＭ

僕の Instagram のＤＭは常に開放されています。そして、子どもたちには「絶校長に伝えたいこと、聞きたいことがあったら、いつでもいいからＤＭを送ってね」と伝えています。

だから、子どもたちからは時々インスタでＤＭが送られてきます。真剣な悩みもあれば、将来の夢を宣言する内容もある。全校朝礼での話の続きを聞きたいというリクエストもあれば、友だちや先生との関係についての相談もあります。

僕にとってＤＭは、子どもたちといっしょに学校運営をする上で欠かせない現代版の意見箱で、大切なコミュニケーションツールです。

ＤＭのやりとりで印象に残っているエピソードを１つ紹介すると、あるとき女子生徒から「校長先生に話したいことがあるから校長室に行っていい？」とメッセージが届きました。

「この時間の昼休みにおいで」と返信しながら、何か悩みごとかな？　と思っていました。

そうしたら、その子はフラダンスをやっていて、「校長先生、〇〇の週末、フラダンスのイベントがあるから見に来てよ」というお誘いでした。そこで、僕が「何か悩み相談かと思って少し緊張していたよ」と言ったら、こっちがうれしくなる悩みを打ち明けてくれたのです。

「悩みあるよ。校長先生、この学校楽しすぎ。だから、夏休みはどうしようかなって悩んでいる。絶対、もう暇で、暇で、困るから学校に夏休みとかいらないよ」

最高でした。

■子どもはファーストネームで呼ぶ

「田中さん」ではなく、「こういち!」

「佐藤さん」ではなく、「あんな!」

僕は生徒を名字ではなく、ファーストネームで呼びます。これも心の距離を縮める目的からです。

「距離が近すぎる」「友だちじゃないんだから」と、よく思わない人もいますが、教育は相手の心に入っていってこそ。名前を呼ぶのが僕のスタイルであり、重要なコミュニケーションの手段だと考えています。

■生徒の前ではスーツは着ない

僕はいろいろな中学校に呼んでいただき、柳川高校の紹介を含めた講話をさせてもらっています。そのとき、スーツで壇上に立ったときと、絶校長Tシャツで話すときでは、中学生の反応がまったく違います。

特に歴然とした差が出るのが、質問タイム。絶校長Tシャツで話した後は、次々と質問が続きます。ここでも感じるのは、**教育は形ではないということ。こちらがオープンになれば、子どもたちもオープンになってくれる。**着ている服だけで、生徒の反応が変わるならどちらを選ぶべきかははっきりしています。

僕は学校でスーツは着ません。

絶校長からの
アドバイス
27
自分のモノサシを変えたい人へ

その当たり前は、本当に当たり前か？

その慣例はいつから始まって、今も守っていく意味があるのか？

その常識は、他のコミュニティでも常識として通じるのか？

例えば、10年前、いや3年前のバラエティ番組と、今のバラエティ番組を見比べると、驚くほど笑いの基準が変わっています。それは社会の価値観の変化を投影したものです。

あなたの学校、あなたの会社、あなたのコミュニティにある常識。それは本当に今も通じるものでしょうか？

☑ 子どもたちは十分に変わってくれた？

学校改革を進めてきて数年、僕は「柳川高校の生徒たちは変わった」という手応えを感じていました。絶校長として、学校を明るく、失敗を恐れない、子どもたちが主体性を発揮して動ける校風へと変えてくることができたという自負もありました。

また、10年間続けてきた全校朝礼を通じて「世界一」「世界初」「日本一」「日本初」を身近に感じ、1人ひとりが「自分も変われるんだ」という自信を持っている学校の雰囲気も感じていました。

じつは日本で初めて海外に修学旅行に行ったのは柳川高校です。その精神を受け継ぎ、2001年に世界No.1のマイクロソフトと、日本の高校で初めて教育提携を締結。2016年にはタイに日本の私学として初めて附属中学校設立。2023年には、世界で初めて学校キャンパス内ゴールドジムを開設しました。

このような学校の取り組みと、絶校長が「世界初」「日本初」を連呼することで確実に子どもたちの目線が変わり、「柳川高校はやるんだったら、日本初、世界初」というスピリットが宿っていったのです。

このように柳川高校が未来に向かって目指していく軸、僕が思い描いている学校の姿を子どもたちにも共有して欲しいと思い、絶校長としてグイグイ先頭を走ってきたのです。

ところが、5年前の2019年のこと。

僕に「このやり方だけではダメだ」と痛感させてくれた出来事が起きました。

2020年に開催予定だった東京オリンピック・パラリンピック。まだコロナ禍の影響で延期が決まる前のことです。

テレビ番組のオリンピック応援企画で、応援団長となった松岡修造くんが母校・柳川高校を訪ね、高校生からオリンピックへの期待や注目点を聞くというロケがありました。たくさんのスタッフとテレビカメラ、そして、絶校長を凌駕《りょうが》するポジティブなバイブス（テンション）を発信する修造くんが校内にやってきたのです。

ロケが始まり、テレビカメラがズドーンと来て、生徒たちの前で修造くんが「みんなで東京オリンピックを盛り上げていこうぜ！」と宣言しました。その後、修造くんは講堂のステージから降りて、生徒の中にドーンと入り込んでいき、マイクを手に生徒たちへインタビューを始めました。

すると、その子は全然しゃべれない。次の子も、また次の子も。いつもは自分の考えを自分の言葉で表現できる柳高生です。

「おい、何だよ、賢ちゃん」みたいな感じで、チラリと僕を見た修造くん。子どもたちの言葉を引き出そうと、「なんだ、おまえ、感情を出せよー」「柳川高校、もっと熱くいこうぜ」とやさしく煽《あお》ってくれても、うつむいてしまう。圧倒されているのかもしれないけど、やっぱりしゃべれないわけです。

子どもたちにも「伝える力」が必要だ!

そこで、僕は気づかされました。

「あ、僕ばっかりが前に出てしゃべっていたんだな」
「もっと、もっと、子どもたちを前面に出していかないとダメだったんだ」
「しゃべれない子たちが悪いんじゃなくて、僕が失敗していたんだな」

ロケ自体は修造くんが盛り上げ、プロのスタッフが見事に編集してくれて、放送では問題なく東京オリンピック・パラリンピックに期待している高校生たちが映し出されていました。

でも、僕はロケ当日、撮影チームが帰ってすぐに生徒に呼びかけました。

「ちょっとみんな体育館から出るのをやめて、集まろう」

全校生徒に集まってもらい、こんな話をしました。

「みんな、今日はこのイベントをやってよかったね。こんな経験、なかなかできないよ。だけど、僕は感じたことがあった。みんなにいろんな世界、価値観を知ってもらいたいと思って、全校朝礼でいろんな話をしてきた。みんな目をキラキラ輝かして聞いてくれた。すごくいい空気をつくって僕の話に耳を傾けてくれて、うれしかった。

だけどね、今日、感じたことはみんなには『伝える力』も必要だということ。もちろん、今こうして話していて、みんなの目を見ていたら、今日の撮影からたくさんのものを感じ取ってくれたのがわかる。

でも、僕が悪かった。僕はこうやって、ずーっと絶校長としてみんなを引っ張ろうとやってきたけど、そのやり方がよくなかったと反省した。みんな、修造くんとうまく話せなかっただろ？　もっと自分を出せたのになと思っているだろ？」

その上で、こんな約束をしました。

「だから、来年、僕はもう1回、修造くんに来てくれるように伝えるから、みんなでリベンジしようぜ。来年の柳川高校の目標は、『伝える力』だ。これをみんなでやっていこう！」

絶校長からのアドバイス

28　自分のモノサシを変えたい人へ

「守破離《しゅはり》」。

守は、師匠からの教えを忠実に守り、実行すること。

破は、師匠からの教えを実行しながらも、他の流儀の教えや情報を取り入れて、既存の型を破ること。型を発展させること。

離は、師匠の型や身につけた型から離れて独自の新しい流派、流儀を構築すること。

人の成長はよく「守破離」になぞらえられて語られます。「伝える力」を柳川高校のテーマに設定したのは、離の段階に入って欲しかったから。でも、一度、守破離のサイクルが回ったからといっても、そこで完成ではありません。

僕たちは停滞したり、失敗したり、後退したりしながらも何度も何度も、このサイクルをくり返し、「なりたい自分へ」と成長していくのです。

あなたは今、何サイクル目の守破離の、どの段階にいますか？

最新のスローガンは「伝える力×2」

そこから3年間はコロナ禍もあり、なかなか集まって1つのことに持続して取り組む機会がつくれませんでした。

それでも偏差値だけでは測れない能力を伸ばす教育として、大正製薬に協力していただいて「リポビタンD　柳川高校オリジナルラベル作成」というプロジェクトを実現しました。

これは生徒たちがチームに分かれ、リポビタンDのオリジナルラベル案を作成。それを大正製薬の担当チームの前でプレゼンし、グランプリを取った1チームのラベルは実際に工場でプリントされ、オリジナルリポビタンDとして学校近隣のコンビニエンスストアやドラッグストアなどで販売されるというもの。

生徒たちはマーケティングからプレゼンテーションまで実社会に必要な実務を学び、さらに各チームは大正製薬の社員の皆さんの前でプレゼンテーションを行ないました。まさに伝える力を鍛えていくのにベストなプロジェクトだったと思います。

また、宇宙教育のカリキュラムでも生徒たちがチームを組み、学内でのプレゼンテーション大会の後、代表チームがＪＡＸＡの職員の皆さんの前でプレゼンをするという取り組みも。これもまた伝える力を伸ばしていく挑戦です。

全校朝礼も絶校長が前に出過ぎていたという反省から、子どもたちが主体となって行なう全校集会に移行しています。生徒会を中心に企画運営しているので、絶校長が登壇する回もあれば、出ない回もあります。

柳川高校はもう僕が前面に出て引っ張るステージではありません。子どもたちがどんどん出ていく場をつくるのが大事。２０２１年、２０２２年も柳川高校のスローガンは「伝える力」でした。

そして、2023年からの最新のスローガンは「伝える力×2」。

この5年の取り組みによって生徒たちがまた成長してくれたと感じたのは、生徒会長を選ぶ選挙での演説でした。

立候補した生徒が、全校生徒の前で演説する姿。そこに修造くんの前でしゃべれなくなってしまったような気後れはありませんでした。今年の演説のレベルはパフォーマンスを含めて、びっくりするほどの一級品でした。

☑ 人は、なりたい自分になれる

「人類の8割が気づいていない事実があるんだ。その8割の人たちは、気づかないまま大人になり、お年寄りになっていく。じゃあ、残りの2割の人が気づいている事実がなにか？　それはね、『**人は、なりたい自分になれる**』ということ」

柳川高校に通う生徒は3年間の間に必ず、一度は僕のこの話を耳にします。

「iPhoneを世界に送り出したアップルのスティーブ・ジョブズも、Windowsで世界のコンピュータ市場を変えたマイクロソフトのビル・ゲイツも、みんなが大好きなまるでマンガのヒーローみたいな活躍を続ける野球の大谷翔平《おおたにしょうへい》選手も、夢を叶えている人はみんな『なりたい自分になれる』ことに気づいたから、すごい舞台に立つことができたんだ。

今、この話を聞いているみんなは、2割の人になるチャンスをつかんだってこと。この先を聞きたい人は、いつでも校長室に遊びにきて。続きを話すから」

自分の横に誰がいるのか。刺激を与えてくれる**人**でもいいですし、**本**でもいいですし、学校という**環境**でもいい。

「人は、なりたい自分になれる」と気づき、行動している人のいるコミュニティに身を置くと、自分もやれると、可能性を信じられるようになります。

全校朝礼で話を聞いた後、本当に校長室に行くという行動を起こせる生徒はまだまだ多くありません。やっぱり8割の生徒は「絶校長がいい話をしていたなー」「続きが気になるなー」で終わってしまいます。

一方、好奇心と勇気を持って校長室にやってきた子には、こんな話をします。

「なりたい自分がある？　あるなら『どうせなれっこないし』とは考えないで、『人はなりたい自分になれる』と信じてみて。そして毎日1ミリでも『なりたい自分』に近づく行動を始めよう。小さな一歩を踏み出すと、確実に人生が変わっていくよ」

そして、その実例として「ノミの話」や「日本一の同級生と寮生活をして日本一になったテニス部員の話」などを聞かせます。

すると、子どもたちの目が輝き出すのです。

人生で、夢が叶う道筋に足を踏み入れるタイミングはそうそうありません。でも、チャンスはいつも突然やってきます。そのときに「自分は、なりたい自分になれる」という意識がある人は、ひょいと「できないかも」を飛び越える勇気が持てるのです。

「人は、なりたい自分になれる」

高校3年間というグレートジャーニーを終えたとき、この魔法の言葉が1人でも多くの生徒の常識になるように、柳川高校は変化と進化を続けていきます。

第5章

学校のモノサシを変えていく

チームづくりと
リーダーシップと
新たな市場

☑ 校長になってすぐ感じた学校運営の違和感

あなたは自分のいる組織が抱えている問題点がどんなときに表に出てくるか、把握していますか？

日頃は見えにくいものが、イレギュラーな対応を迫られた場面であらわになります。僕が校長就任直後の柳川高校は、まさにそんな組織でした。

台風シーズンの8月、9月。福岡県は、台風上陸数1位（沖縄県は統計上「通過」の扱いだそう）の鹿児島県などに比べると、台風の直撃は少ない土地柄です。

それでも天気予報が台風接近を発表したら、学校は休校も含めて、どう対処するかを判断することになります。本来この判断は、それぞれの学校が独自に行なうものです。

ところが、僕が校長になったばかりの頃、柳川高校では「隣の学校が休校にするから、うちも」という謎のルールが適用されていました。近隣にある公立の進学校が「台風接近のため、休校」と発表したら、それに沿って柳川高校もお休みになるのです。

僕はこのやり方に対して、強い違和感を覚えました。端的に言うと、嫌で仕方がなかったのです。

自分たちで考え、決定する力のない組織は弱い。よその学校の判断を横目で見て、追従するのは責任逃れでしかありません。

そして、その組織の問題点はこうした場面の対応1つ1つに現われてくるのです。もし、より大きな災害やトラブルに直面したとき、どうするのでしょうか。そのときも隣の学校が判断を下すのを待つのでしょうか。

僕は校長に就任してからすぐ教職員全員が集まった場で、「今後、台風接近時の学校の対応は全部、自分が決める」と伝えました。

世界一の学校を目指して柳川高校を運営していく。そう考えたとき、判断の軸を自分たちで持てる組織であることは、基本のキ。むしろ、周りの学校が柳川高校の判断を参考にするような存在にならなければ、「世界一」なんて口に出すこともできません。

はっきりと方針を打ち出して、実行できること。これは学校運営だけに留まらず、すべてのうまくいっている組織に共通するポイントです。

「どこどこの会社がこんな企画をやるから、うちも乗り遅れないように」なんて判断基準の組織では、世界に出ていくことはできません。

以来、台風が接近する時期になると、いち早く休校か否かの判断を下しています。少しでも生徒たちの登下校にリスクがあるのなら、休校。もちろん、自然が相手ですから外れることはあります。

特に難しいのは金曜日に台風の接近があり、土日を挟んで月曜日を休校にするかどうかの判断です。月曜日は休みと決めた数時間後に台風が進路を変え、日曜日の夕方には美しい夕焼けになり、翌日は台風一過の好天になったこともありました。

でも大事なのは、**決める勇気のある組織であること**です。

今では周辺の学校は大雨や台風のとき、柳川高校がどう判断しているかを参考にしていると聞きます。最初は僕からのトップダウンでしたが、今は教職員全員が生徒の安心安全を最上位の基準にして判断が下せるようになりました。

絶校長からのアドバイス 29

自分のモノサシを変えたい人へ

「赤信号みんなで渡れば怖くない」というコピーは、1980年代に漫才コンビのツービートのビートたけしさんが漫才の中で使ったフレーズです。それから40年以上経ちましたが、今も日本の国民性をよく表わしています。

「今これが流行《はや》っているから」「隣の学校もこんなことやっているから」「他の学校はこう決めたから」

そんな判断基準で物事を決めているうちは、自律した個人、組織にはなれません。判断する側の覚悟不足であり、責任から逃れるような決め方をしているうちは組織の成長もありません。

当事者として自分の、組織の判断に芯を通すことから始めていきましょう。

☑「みんなが納得」の「〝みんな〟は誰ですか？」

物事を決めていくとき、みんなでしっかりと話し合って、理解して進めていくのが組織運営の美学とされています。全員が合意できるまで議論を深めていくのはたしかに大切なことです。

しかし、それでは時機を逃してしまう場面もあります。

僕は組織で物事を進めていく際、大きく分けて2つの決定方法があると考えています。1つは話し合いを重ねて重ねて進めていく、ソフトランディング。もう1つは話し合いを土台としながら、リーダーが決断を下すハードランディング。どちらが優れているというわけではなく、組織を取り巻く状況によって必要とされる最適な決定方法が変わってくるのです。

僕は校長就任から現在まで、ハードランディングを軸にして学校改革を進めてきました。

当初、よく教頭からこう言われていました。

「校長先生、強引にやられたらみんなが納得しないですよ」

こちらとしては、「みんなが納得」の「〝みんな〟は誰ですか?」という感覚です。

グローバル学園構想を打ち出して、「柳川高校は海外のさまざまな国から留学生が集まる学校になります」「そのために海外に中学校をつくります。海外に事務所を開設していきます」と声を大にしました。

最初は教職員の多くがキョトンとしていました。

もしこれをソフトランディングで進めていこうとしていたら、1年経っても2年経ってもグローバル学園構想を打ち出すことはできなかったと思います。

なぜなら、誰も経験していないことを始めようとしていたからです。

構想を打ち出した僕も経験していないし、教職員ももちろん経験していない。誰も経験していないことについて、あれこれ意見を交わし、有識者を呼んでアドバイスをもらい、全員が納得するまで議論を重ねていくのは、時間がもったいない。

学校改革はある種、ベンチャー事業の立ち上げに似ています。

動きながら考える。動きながら改善する。動きながら次につなげていく。そんな速いサイクルがあってこそ、改革が必要な危機的な状況を変化させることができるのです。

そこでキーワードとなるのは、**「覚悟」**と**「突破力」**。

組織にまだ突破力が備わっていないタイミングでは、リーダーが覚悟を決めて先頭に立ち、全体を引っ張っていく必要があります。

ハードランディングで改革を進め、組織全体に新たな経験を積んでいってもらう。誤解や不安が生じることもあるでしょう。そういったデメリットは織り込み済みで、あえて

「俺は柳川高校のルフィになる!」と全校生徒の前で宣言してしまうわけです。

「はあ?」という顔をしている教職員がいたとして、その瞬間、その場で理解してもらおうとはしません。こうすると決めて、走って、巻き込んで、経験してもらいながら「こういう変化が必要なんだ」と感じ取ってもらえればいいのです。

絶校長からのアドバイス

30 自分のモノサシを変えたい人へ

リーダーの役目は、旗を振ること。リーダーシップとは、理想を語り、向かうべき方向を示すこと。そして、自分を変える、組織を変えるとき、欠かせないのが突破力です。

人は言葉でだけならどれだけでも理想は語れますが、大切なのはそれを形にできるか。どんな業界に身を置いていても、変革者は必ず突破力を持っています。

あなたにはリーダーとして、フォロワーとして、状況を突破していく底力がありますか?

☑ 旗振り役のフォロワーとなってくれる人を集め、チームをつくる

先頭に立ち、ハードランディングで学校改革を進めていくと覚悟を決めた一方で、僕は仲間をつくる努力を始めました。いくら自分が旗振り役となって「ルフィになる！」「学校を変えるんだ」と宣言しても、一人の力でできることには限界があります。

でも、「柳川高校を世界一の学校に……」という改革の軸に共感して、発信を支え、拡散し、持続させてくれる仲間がいたら状況は大きく変わります。だから、ハードランディングを後押ししてくれるチームをつくっていくことを考えたのです。

これは最近知って自分でも納得したことですが、柳川高校では「スマート学園構想」の一環として「スマートブレイン（脳科学）」を活用した脳科学教育の共同研究を進めています。

そこで、僕は生徒たちといっしょに東京大学大学院総合文化研究科の酒井《さかい》邦嘉《くによし》教授と、一般社団法人ブレインアナリスト協会の瀧谷《たきや》啓吾《けいご》会長が監修した脳科学のテストを受けま

した。

このテストでは、脳科学的に見て本人が得意なこと、不得意なことといった受けた人の脳の傾向がわかります。夢を実現するために根性論や精神論でアプローチせずに済む、すばらしい取り組みです。

テストを受けてみてはっきりしたのは、僕が感覚的な人間で、発想力と行動力に優れているということでした。

それらの数値を仮に100点とすると、発想を実現するための持続力は15点。つまり、ゼロをイチにするための一歩目の行動を踏み出す旗振り役としての能力に長《た》けているものの、しっかりとした土台を築き、その発想を継続可能な組織にするのは苦手ということです。

独特の視点から問いを立て、組織が抱えている問題の解決や実現のための仮説をつくり、挑戦を始めるのは得意。でも、コツコツと継続させる前に他の問題に目移りしてしまう。指摘されてみるとたしかに……と納得できる結果でした。

こうした個人の特性から言っても、学校改革を進めるにはチームの助けが不可欠だったのです。

旗振り役のフォロワーとなってくれる人、絶校長の突飛《とっぴ》に思えるアイデアを根気強く周囲にわかる言葉で伝えてくれる人、事務方として支えてくれる人、問題解決まで継続して取り組む力のある人……。

そういう視点で教職員たちと話をしていくと、それぞれの分野を得意とする人たちが学校の中にたくさんいました。

夢と現実の橋渡しをするミドルマネージャー

リーダーがいくら旗を振っても、組織はそうそう簡単に動いてくれません。旗を振ってそこに情熱をつくる、改革の熱源を発生させることはできるけど、それが根を張り、広がっていくためには、ミドルマネージャーの力が必要です。

今ではもう学校のみんなが僕の得手不得手を知っているから、「これは難しい」と感じたとき、「これは僕、無理かもしれない。脳科学的に向いていないから」と会議で冗談交じりで話すと、助けてくれる人が手を挙げてくれます。

柳川高校でのミドルマネージャーは、ある管理職が担っています。この管理職とは年度初めにじっくりとミーティングをし、その1年で取り組んでいきたいことを共有しています。そして、納得した具体的な改革の方法を、この管理職が教職員のみんなに粘り強く広めていってくれるのです。

これは他の組織にも当てはまるやり方だと思います。

大きなチームでも、小さなチームでも、旗振り役となるリーダーがいて、その周りに最初のフォロワーとなって補佐してくれるミドルマネージャーがいて、掲げた目標に向かってチームが機能していく。

例えば、僕は全校朝礼でいきなり「ルフィになる!」と言い出したり、「柳川高校はグローバル学園構想を進めます!」と宣言したりするわけです。

当然、「なんか言い始めた……」「めんどうくさいな……」と思っている教職員はいます。言葉に出さなくても伝わってくるものはありますし、面と向かって「あれはどういうことですか? どういうステップを踏んで進めていくつもりですか?」と聞いてきてくれる教員もいます。

こうして理詰めでこられたとき、僕は感覚派なので「え？　え？　あれ？　伝わらない？」とうまく説明できないことが多々あります。

そこで助け船を出してくれるのが、この管理職。絶校長が振っている旗のビジョンを嚙み砕き、なぜそれを今始め、これから進めていく必要があるのか。柳川高校の生徒たちにどんなメリットがあり、教職員にとってもどれほど取り組む価値があるのかを言葉にしてくれるのです。

夢と現実の橋渡し。

僕のようなリーダーがいる組織の場合、橋渡し役となってくれるロジカルな言葉の力を持つ仲間の存在が本当に大切です。

僕1人では学校改革は進みませんし、それは他のどのチームでも同じでしょう。**リーダーは自分の得意な分野でリーダーシップを発揮するため、自分の苦手な分野を得意とする仲間を見つけ、課題に取り組んでいくべきです。**

100点と15点のデコボコがあっても、逆の15点と100点のデコボコのある人と手を組むことができれば、発想力と行動力と持続力、すべて100点のチームをつくることができます。

絶校長からのアドバイス

31 自分のモノサシを変えたい人へ

もし、「仲間が見つからない」「孤立してしまう」という悩みがあるなら、まずはそれを当然のこととして受け止めましょう。

組織論の研究では、どんな集団の中にも、大きく分けて次の4タイプの人たちがいるとされています。

① 真っ先に新しいことに取り組む人たち
② ①の人たちが愉《たの》しんでいる姿につられて行動する人たち
③ 安全が確認されてから行動する人たち
④ 最後まで動かない人たち

ですから、最初から旗振り役のリーダーにみんなが賛同してくれるのは異常事態。
しかし、これは継続力と時間が解決してくれます。
「仲間が見つからない」「孤立してしまう」と悩む場面は、②の人たちが行動を始める前段階なだけ。悩んで焦って、1人ひとりを説得して回るよりも、動き出した①の人たちが楽しく仕事をしているところを見せること。②と③の人に先行してうまくいった小さな成功例を見せることに徹しましょう。すると、集団の雰囲気が変わっていきます。

教職員との共通ゴールをつくってきたのも「全校朝礼」

教職員と共通のゴールを描けるよう大事にしてきたのが、第2章でも触れた全校朝礼です。第2章でもお伝えしましたが、大人の感覚は不思議なもので、面と向かって直接「変わろうぜ!」「明るくいこう!」「夢を持って」などと言われると、なぜかモヤモヤと反論したくなってきます。そして、その傾向は経験豊富なベテランほど、強くなるような印象があります。

背景には、今までの自分の取り組みが否定されるような感覚があるのでしょう。

しかし、子どもたちに語りかける形で耳に入ってくる言葉は、大人の警戒網をするりとすり抜けて、心の中に染み込んでいきます。

だから、僕は全校朝礼で生徒に向かって夢を語ります。学校のモノサシを変えたいと、思い切り旗を振ります。それを実行しようとしている自分がどういうキャラクターかを失敗談も交えて、あけすけに話します。

それは教職員も聞いてくれていると知っているから。自分がどんな考えを持っていて、どんなタイプのリーダーなのかを間接的にアピールしているのです。

生徒たちは3年すると卒業していきます。しかし、教職員のみんなはもっと長い年月、学校のために仕事をし続けてくれます。だから、僕は校長になってからずっと全力で全校朝礼に挑んできました。

そうして「学校の中に軸ができてきた、教職員のみんなの反応が変わってきたな……」と感じるようになったのは、校長兼任となって10年目を迎える頃でした。

やっと若手からベテランまで、教職員のみんなが同じ方向を見て動き出してくれるようになったのです。そこから柳川高校の学校改革は一気に加速しました。

つまり、**組織全体が大きく動き出すまでには、それなりの時間がかかるのです。**

だから、リーダー役を務める人は諦めずに、懲りずに、旗を振り続けなければいけません。ある意味、リーダーシップとは根気よく理想を語りかけ続けられる能力のことだと言えるかもしれません。

校長兼任後、初期の職員室の雰囲気は重苦しいものでした。

僕が「皆さん、○日に集まってください。職員会議をします」と伝えると、なんともどんよりした空気が漂い始めます。

「柳川高校は、世界一の学校を目指していく。だから、先生方、教員の皆さんも力を貸してください」

表立って反対する声はありません。でも、「えー……」「仕事が増える……」という心の声は不思議とダイレクトに伝わってきました（笑）。

今、柳川高校は20代の先生が半分ほど。この世代は最初から絶校長の振っている旗を信頼して入ってきてくれた人たちです。一方、50代、60代の教職員の方々は当初、学校改革に抵抗感があったかもしれません。

その内心の不満と真正面から向き合って「やる気を出してください！」と叱咤《しった》しても、物事はうまく進みません。大事なのは、**向き合うことではなく、横に立つこと**。大変なのはわかります。面倒に感じるのもわかります。でもなんとかいっしょにやっていく方法を探しましょうよ、と。

僕が見つけた横に立つ方法が、全校朝礼で夢を語ることでした。

僕も、教職員のみんなも、子どもたちと向き合うという意味では同じ立場です。だからそこで、夢や理想を語る。すると、僕は教職員のみんなの横に立てるのです。

こうして間接的にメッセージを伝えていき、子どもたちがダイナミックに変わっていく中で、僕たちは一枚岩のチームになっていきました。

絶校長からのアドバイス

32 自分のモノサシを変えたい人へ

組織を変えるには時間がかかります。

リーダーシップとは、ある意味、根気よく理想を語りかけ続けられる能力のことかもしれません。

☑ 学校は、組織は、「コラボレーション」で変わる

もう1つ、柳川高校の教職員の仕事観、世界観を変化させた大きな働きかけがあります。それが企業を巻き込んだコラボレーションでした。

第1章で紹介したマイクロソフトとの提携は、柳川高校がここから変わっていくのかもしれないという印象を地域や教職員にも広げてくれたと思います。その7年後、僕は校長も兼任するようになり、次のようなコラボレーションを周囲の協力を得て、実現してきました。

- 大正製薬と共同しての柳川高校生オリジナルラベル「リポビタンD」制作
- NTTコミュニケーションズと共同したメタバース授業の実現
- ソニー、JAXA、日本旅行とタッグを組んだ宇宙修学旅行の構想
- 野村證券によるマネー教育
- 東京大学と脳科学研究

■ＪＡＬによるマナー教育
■マイクロソフトと共同でのＩＣＴ教育
■橋本総業ホールディングスとの「テニスを科学する」共同プロジェクト

こうした特別授業は、子どもたちに学校教育を超えた**「社会で生きる力」**を身につけてもらうことを目的に行なっています。

学校の外、社会で活躍している一流の大人たちとの交流は、子どもたちにとって授業内容以上の刺激となり、成長を促してくれます。さらに、うれしい副産物もあります。それは、その効果が教職員にも波及することです。

特別授業を成立させるための事前交渉、準備のためのミーティング、当日の運営などを通じて、教職員も教育業界の外の人たちと仕事をすることになります。

国を代表するような業界トップの大企業で働く人たちがどんな仕事観で、どんなスピード感で業務に臨んでいるのか。授業をつくるコラボレーションの過程で、それを間近で感じることで、**教職員の仕事のモノサシが変わっていく**のです。

僕がテレビ番組で「宇宙修学旅行をやるぞ！」と宣言して、子どもたちがワクワク盛り上がり、でも現場の教職員は「それってなんなの？」と戸惑っている。実際にそんな状況がありました。

でも、「宇宙修学旅行」に向けた準備として、ソニーや日本旅行が「いっしょに授業をやりませんか」と乗ってきてくれて、ＪＡＸＡが「学校教育で宇宙を身近な世界として考えてもらうのは大切なことです。でもなかなかそこまでやってくれる学校はないんです。喜んで協力しますよ」と職員を派遣してくれる。

そうやって物事が決まり、動いていくと、盛り上がりは学校全体を巻き込んだものになっていき、教職員の意識も変わります。

特別授業は子どもたちの刺激になるだけでなく、現場の担任の先生たちが企業とのコラボレーションを通じて、成長していく。つまり、大人のモノサシも変えてくれるのです。

絶校長からのアドバイス

33 自分のモノサシを変えたい人へ

コラボレーションの狙いは「一流」です。

一流になるには一流から学ぶのが早道だから。各界の一流の企業と組んで、子どもたちに一流の価値観、マナーを養ってもらい、羽ばたいていってもらいたい。もちろん、それが大人にもいい影響をもたらしてくれます。

学校経営の継続のため、新たな市場を開拓する

「グローバル学園構想」の一環として、柳川高校は2016年、タイ南部ナコンシータマラートに「柳川高等学校附属タイ中学校」を開校しました。これは日本の私学としては「日本初」の海外附属中学校です。

他の有名私学さんがニューヨークやシンガポールなどに附属中学校を持っていますが、そちらは基本的に現地に駐在する日本人向けの学校。そうではなく、現地の国の子どもたちを対象にした附属中学校は日本初の試みです。

そもそもグローバル学園構想は、柳川という地方都市から世界視野で物事を見られる子どもを育てるプロジェクト。附属タイ中学校で学んだタイ人の子どもたちが柳川高校に進学し、**日本の子どもたちや他の国からの留学生と共に学ぶことにはそれだけで大きな意味**

があります。

ただ、教職員のみんなにはもう1つ別の視点からの説明もしました。

日本はこれから世界でも前例のない少子超高齢社会がやってきます。子どもの数が明らかに減少する中で、私学が存続していくためにはそれぞれに特徴的な学校経営の戦略が不可欠。それは日本の企業が国内マーケットの縮小を見越して、海外市場に打って出ていく必要性を感じているのと同じです。

教職員のみんなには理事長として、ただただ留学生が柳川高校を選んでくれるのを待つのではなく、**自分たちが現地に学校をつくり、卒業生を福岡県柳川市に受け入れる道筋をつくろう**と考えていると伝えました。

学校経営の継続のため、新たな市場を開拓する。そこで、タイでの附属中学校開校を1つのシンボルとしながら、世界中に海外事務所を開設していく。日本で初めての事例となることで、メディアの注目も集まり、柳川高校の知名度も高まっていく。

こうした思いと戦略を職員会議で発表したのです。

今はもう教職員のみんなに、僕がなぜ日本初、世界初にこだわるのかの理由が共有されています。だから、教職員側から特別授業や学校としての新たな取り組みの提案があるときは「校長先生の大好きな『初』です」と言ってくれるようになりました。

つまり、学校にいる大人たちのモノサシが変わり、企画力が磨かれ、学校にエネルギーが生まれ、僕は「たしかに日本初だな、世界初だな」と思いながら承認のハンコを押す。そんな状態にまで改革が進んでいるのです。

☑ その先の教育に取り組んでいく

十数年前、校長になりたてだった頃のこと。僕はＧＡＦＡ（Google, Apple, Facebook［現Meta］, Amazon）のうちの１社の経営層とミーティングをする機会がありました。そこで、言われた言葉に受けた衝撃を今も忘れられずにいます。

僕が日本の高校の理事長兼校長だと知った上で、その人はこう言ったのです。

「私たちは日本の教育で育った若者に興味がない」

興味がない、は本当に衝撃でした。

日本の典型的な教育は子どもたちの自由な発想力を奪い、型にはめていく。結果、指示されたことは丁寧にこなせるが、クリエイティブな人材はほとんど育たない。自分たちが求めているのは、発想力、創造力があり、それを表現できる力のある若者なんだ、と。

言われてみると、「たしかに」と思える指摘でした。

では、どういう教育なら世界で通用する人が育つのか。活躍のフィールドをどんどん自分で広げていける若者になっていくのか。

その道筋を本気で考えた結果、取り組んでいるのが「グローバル学園構想」であり、「スマート学園構想」であり、「宇宙修学旅行」です。**10代のうちから世界を、国境線の関係ないメタバース空間や宇宙を身近に感じ、発想の枠を広げていく。自分の活躍できるフィールドは日本だけではないことを知ってもらう。**

これは別に、GAFAが必要とする人間を育てたいわけではありません。もっと子どもたちが自由に、なりたい自分とその可能性を追求できる学校になっていきたいと考えたのです。

もちろん、教職員や保護者の方々は目の前に迫ってくる大学受験や就職活動を意識します。日本をここまでの経済大国にしたのは、従来型の教育が土台となったからです。それを一気に大きく変えるのは難しい。大学入試の仕組みが大きく刷新されない限り、日本の偏差値教育は続いていくでしょう。

だとすると、18歳時点での学力は重要です。

しかし、それはそれとして柳川高校は、その先の教育を見据えて学校のモノサシを変えていきます。なぜなら、僕たちは世の中を変えるゲーム・チェンジャーを育てていきたいからです。

おわりに

本書を最後までお読みいただき、ありがとうございます。

毎朝、僕は登校する子どもたちをグレートサニー号の上で出迎えます。

グレートサニー号は、絶校長室の窓の外に張り出した屋根のこと。そこに立つと、校門から校舎に向かう生徒たち、1人ひとりの顔がよく見えます。

夏はTシャツを着て、冬はパーカを着て、ハイテンションな校長が屋根の上に立っている。もちろん、グレートサニー号は『ワンピース』のルフィたち麦わらの一味の海賊船「サウザンド・サニー号」をリスペクトしての命名です。

初めて来校された大人はたいてい絶句していますが、生徒たちは慣れたもの。

「おはよう!」

手を振りながら声をかけると、「絶校長、今日も絶好調ですかー！」と大きな声で返してくれる生徒もいれば、照れ笑いとともに「おはようございます」と会釈してくれる生徒もいます。

これが柳川高校の1日の始まりの風景。たぶん日本中どこを探しても同じ風景のある高校はないはずです。

僕がこだわっている、日本初、世界初。

それは新しい時代を生きていかなくてはならない子どもたちへのエールです。

「なりたい自分になれる」と気づいている人は、世界中で2割しかいません。超脚力があるノミでも、せまい箱に閉じ込められたら箱の高さしか跳べなくなる。でも箱のフタを開け、本来の高さを跳べるノミを横に置いていっしょにいると、再び高く跳べるようになります。

このせまい箱とは「世間の情報・常識」のモノサシであって、自分のサイズを自分で決めてしまっていませんか？

あなたがこれから何を観て、何を聴いて、何を感じるかが大切です。自分の横に何を置いて、自分の可能性に気づいている2割を目指していきましょう。

ブックデザイン　小口翔平＋村上佑佳＋畑中茜
（tobufune）
企画協力　ランカクリエイティブパートナーズ
編集協力　佐口賢作
DTP　キャップス
校正　円水社

[著者紹介]

古賀 賢（こが・けん）

学校法人柳商学園 柳川高等学校　理事長・校長。1968年８月４日生まれ、福岡県柳川市出身。英国国立ロンドン大学を卒業後、95年４月に柳川高等学校 国際科科長、98年４月同校副理事長を経て、2002年に同校理事長に就任し、09年からは同校校長を兼任。テニスは中学時代に日本一に輝く腕前。「絶校長先生」として行なってきた取り組み——「生徒自身による校則改定」により生徒の自主性を高め、「グローバル学園構想」「スマート学園構想」「宇宙修学旅行」という３本の柱を推し進めた結果、少子化時代にもかかわらず、生徒数増を実現。福岡のテレビ局や新聞で、数多く取り上げられている。本書は初めての著書。

切りとり線

★読者のみなさまにお願い

この本をお読みになって、どんな感想をお持ちでしょうか。祥伝社のホームページから書評をお送りいただけたら、ありがたく存じます。今後の企画の参考にさせていただきます。また、次ページの原稿用紙を切り取り、左記編集部まで郵送していただいても結構です。

お寄せいただいた「100字書評」は、ご了解のうえ新聞・雑誌などを通じて紹介させていただくこともあります。採用の場合は、特製図書カードを差しあげます。

なお、ご記入いただいたお名前、ご住所、ご連絡先等は、書評紹介の事前了解、謝礼のお届け以外の目的で利用することはありません。また、それらの情報を6カ月を超えて保管することもありません。

〒101—8701（お手紙は郵便番号だけで届きます）
祥伝社　書籍出版部　編集長　栗原和子
電話03（3265）1084
祥伝社ブックレビュー　www.shodensha.co.jp/bookreview

◎本書の購買動機

＿＿＿＿新聞の広告を見て	＿＿＿＿誌の広告を見て	＿＿＿＿の書評を見て	＿＿＿＿のWebを見て	書店で見かけて	知人のすすめで

◎今後、新刊情報等のパソコンメール配信を　　希望する　・　しない

◎Eメールアドレス

@

100字書評

学校を楽しくすれば日本が変わる

住所

名前

年齢

職業

学校《がっこう》を楽《たの》しくすれば日本《にほん》が変《か》わる
「常識《じょうしき》」をひっくり返《かえ》した「絶校長《ぜつこうちょう》」の教育改革《きょういくかいかく》

令和６年９月10日　初版第１刷発行

著者　古賀《こが》　賢《けん》
発行者　辻　浩明
発行所　祥伝社《しょうでんしゃ》
〒101-8701
東京都千代田区神田神保町3-3
☎03(3265)2081(販売部)
☎03(3265)1084(編集部)
☎03(3265)3622(業務部)
印刷　萩原印刷
製本　ナショナル製本

ISBN978-4-396-61823-0　C0037
祥伝社のホームページ・www.shodensha.co.jp

好評既刊

失われた時を求めて〈フランスコミック版〉

——スワン家のほうへ

20世紀最高、最大の小説のエッセンスを1冊で！
フランスの大学・高校でも採用され10万部超のベストセラーの完全邦訳

マルセル・プルースト 著
ステファヌ・ウエ 画
中条省平 訳

丁寧道

——ストレスから自由になれる最高メソッド

世界で活躍する書道家がいま伝えたい。いい調子のスパイラルに入る方法

武田双雲

「型」で学ぶはじめての俳句ドリル

これからはじめる人も、駆け出しの俳人もこのドリルで俳句が書ける！わかる！変わる！

ふたりの掛け合い問答で明快解説

夏井いつき
岸本尚毅